조선 선비와 일본 사무라이

조선 선비와 일본 사무라이

저자_ 호사카 유지

1판 1쇄 발행_ 2007. 6. 22.
1판 11쇄 발행_ 2024. 4. 26.

발행처_ 김영사
발행인_ 박강휘

등록번호_ 제406-2003-036호
등록일자_ 1979. 5. 17.

경기도 파주시 문발로 197(문발동) 우편번호 10881
마케팅부 031)955-3100, 편집부 031)955-3200, 팩스 031)955-3111

글·사진 저작권자 ⓒ 2007 호사카 유지·권태균
이 책의 글과 사진의 저작권은 각 저자에게 있습니다.
서면에 의한 저자와 출판사의 허락 없이 내용의 일부를 인용하거나 발췌하는 것을 금합니다.

Copyright ⓒ 2006 Hosaka Yuji · Kwon Tae-gyun
All rights reserved including the rights of reproduction
in whole or in part in any form. Printed in Korea.

값은 뒤표지에 있습니다.
ISBN 978-89-349-2577-4 04900
     978-89-349-2158-5 (세트)

홈페이지_ www.gimmyoung.com   블로그_ blog.naver.com/gybook
인스타그램_ instagram.com/gimmyoung   이메일_ bestbook@gimmyoung.com

좋은 독자가 좋은 책을 만듭니다.
김영사는 독자 여러분의 의견에 항상 귀 기울이고 있습니다.

조선 선비와 일본 사무라이

| 호사카 유지 지음 |

김영사

머리말 | 선비와 사무라이를 통해 짚어보는 한일관계사

　조선시대를 이끈 한국의 정신은 선비정신이다. 그들은 학문을 연마하면서 벼슬살이를 하거나 재야인사로 남아 죽음을 각오하고 나라의 올바른 방향을 제시했다. 그들이 올바를 때 나라는 길을 잃지 않았다. 한편, 일본의 사무라이는 원래 귀인을 경호하는 무인이었다. 그러나 힘을 키운 그들은 12세기에 일본의 지배권을 장악하기에 이른다. 그들은 목숨을 걸고 주군을 위해 싸운 대가로 일정한 땅을 하사받아 영지로 삼고 성을 건축하여 그 성에 살면서 자신의 영지를 통치하는 것을 인생목표로 삼았다. 그들의 사상은 손자병법이었다. 그리고 다른 사무라이의 영지를 침략하는 행위는 전국戰國시대가 허락한 행동이었다. 때로 사무라이는 주군이 마음에 들지 않으면 하극상도 불사했다.

　그런 정신을 가진 사무라이는 일본을 통일한 후, 그 연장선상에서 조선을 집어삼키려고 했다. 그것이 도요토미 히데요시〔豊臣秀吉〕의 조선침략이었다. 일본을 통일하여 가신들에게 줄 땅이 없어진 히데요시는 이웃나라를 침략하여 그 땅을 가신들에게 하사하고자 조선침략을 감행했다. 물론 언제 하극상을 일으킬지 모르는 위험한 무인들을 한반도에 보내, 전쟁터에서 죽게 만들어 보신하겠다는 목적도 숨어 있었다. 당시 일본의 사무라이는 그야말로 침략자였다.

　그런데 신기하게도 히데요시의 시대가 끝나 도쿠가와 이에야스〔德川家康〕의 에도〔江戶〕시대가 시작되자 일본에서는 전국시대의 침략성이 자취를 감춰버린다. 에도 막부幕府는 무인정권이었음에도 불구하고 약 270년간이나 대내외적으로 평화시대를 이루었다. 사무라이가 정권을 잡은

1192년 이래 에도시대만큼 평화로운 시대는 없었다.

그 이유가 에도 막부 자체의 뛰어난 통치능력 때문이라고 생각하는 일본인이 많다. 그러나 나는 그것이 전부라고 생각하지 않는다. 나는 임진왜란과 정유재란 때 일본으로 납치당한 조선 유학자들의 공로가 컸다고 생각한다.

에도 막부는 조선 유학자들에게 성리학을 배운 인사들을 막부의 사상교육 책임자로 삼았다. 바로 에도 막부는 성리학을 막부의 정통사상으로 삼은 것이다. 그래서 같은 성리학을 국가이념으로 삼은 조선과 일본은 교린관계를 맺고 긴 평화시대를 이룰 수 있었던 것이다. 일본 사무라이는 조선 선비와 같은 이념을 가지고 무조건적으로 주군을 섬기는 것을 신하의 도리로 받아들였다. 조선 성리학의 힘이 없었다면 일본은 새로운 영지를 찾아 다시 조선이나 중국을 침략하는 데 나섰을 것이다.

이처럼 일본의 침략성을 주군에 대한 충과 부모님에 대한 효의 이념으로 흡수하게 만든 것은 조선 성리학의 도덕성과 윤리성이었다.

그런데 아이러니하게도 19세기 중반 이후, 다시 침략주의로 돌아간 일본의 사상적 계기도 성리학에 있었다. 선비와 사무라이는 형제처럼 비슷하지만 사무라이는 칼을 숨기고 있었던 것이다.

지금도 많은 문제점을 지닌 채 이어지고 있는 한일의 근본적 관계를 짚어보고자 이 책을 쓴다. 많은 독자들의 질정을 바란다.

2007년 여름
호사카 유지

차례

머리말 _4

제1장 한일을 대표하는 정신, 붓과 칼

선비란 무엇인가 _10 · 선비가 선비를 말하다 _20 · 서양인의 눈에 비친 선비 _24
속유와 진유 _24 · 사무라이와 무사도 _26 · 무사도에는 유학이 살아 있다 _29
사무라이 정신 _38 · 근대화 이후의 무사도 _40

제2장 선비와 사무라이의 탄생

선비와 사무라이의 기원 _46 · 최초의 무사 _50 · 천황가와 사무라이 _55
왕도 선비다 _58 · 사무라이와 선비의 성 _61 · 귀족과 사무라이 _65
헤이시와 겐지의 차이 _67 · 선비는 붓으로 싸운다 _69 · 사무라이는 칼로 겨룬다 _73
유교와 손자병법 _80 · 사무라이의 고유신앙 _87 · 선비와 사무라이의 교육 _92
선비와 사무라이는 무엇을 위해 살았나 _99

제3장 선비가 본 일본, 사무라이가 본 조선

아시카가 요시미쓰와 아시카가 요시마사 _102
이황과 성혼, 일본 학풍의 원류가 되다 _111 · 손자병법의 명장 다케다 신겐 _121
오다 노부나가와 도요토미 히데요시 _130 · 일본 유학의 아버지, 조선 선비 강항 _136
강항의 제자 후지와라 세이카 _149 · 아라이 하쿠세키와 아메노모리 호슈 _157
그는 한국사의 금기가 되었다 _166 · 선비가 본 일본, 사무라이가 본 조선 _180
도쿠가와 미토학 _189 · 김옥균과 민영익 _200

맺음말 _212
참고문헌 _214
찾아보기 _216

제1장

한일을 대표하는 정신, 붓과 칼

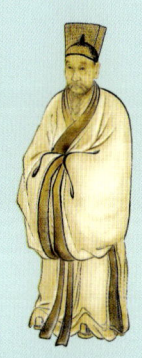

선비란 무엇인가

　한국인이 "그분은 훌륭한 선비다"라고 하면 그건 대단한 칭찬이다. '선비'라는 말 속에는 바로 높은 가치관이 담겨 있다. 바꿔 말하면, 한국적 가치관을 나타내는 말 중 하나가 바로 '선비'인 것이다.
　그런데 선비란 무엇인가에 대해 설명을 잘 할 수 있는 사람은 의외로 그리 많지 않다. 선비에 대해 물어보면 "선비란 조선시대의 지식인이다", "선비란 올바른 의견을 임금에 진언하는 지식인이다", "선비란 자신의 의견을 굽히지 않는 소신을 가진 사람이다" 등의 상식적인 대답이 나오지만 이것들을 선비에 대한 종합적인 정의로 보기는 어렵다.
　그러므로 먼저 '선비란 무엇인가'에 대한 답을 찾는 것부터 이야기를 시작하는 것이 옳을 것이다.

1. 한일을 대표하는 정신, 붓과 칼

정암 조광조靜菴 趙光祖(1482~1519)는 어려서부터 행실이 바르고 학문에만 전념했다. 남명 조식南冥 曺植(1501~1572)은 공부를 시작하면 스승들이 질릴 정도로 질문이 많았다. 율곡 이이栗谷 李珥(1536~1584)는 신동으로 소문이 나 13세 때 진사 초시에 합격했다. 미수 허목眉叟 許穆(1595~1682)은 태어났을 때부터 손바닥에 문文 자가 새겨져 있었다 등등 선비는 한결같이 어렸을 때부터 학문과 뗄 수 없는 관계였다.

선비란 우선 학식이 있는 사람, 즉 지식인을 가리키는 말이다. 한국인의 가장 큰 한恨은 배우지 못했다는 데 있다는 통계조사 결과가 있다. 많이 배운 사람은 한국에서 높은 가치를 지니는 사람이고

과거 급제자 새로운 과거 급제자는 홍패紅牌, 개蓋와 더불어 어사화를 하사받았다. 그것을 재현한 행사모습

배움이 부족한 사람들은 마음속에 한을 품게 된다. 한국에서 학자들이 크게 존경받는 이유도 여기에 있다. 학업을 이룬 사람이 재산이 많은 사람보다 행복감을 더 많이 느낀다는 또 다른 조사 결과는 이런 가치관을 잘 대변하고 있다.

제대로 배우지 못한 사람이 평생 모은 재산을 대학교 장학금으로 아낌없이 내놓는 사례가 흔한 나라는 한국밖에 없다. 다른 나라에는 학교와 관련된 미담이 그리 많지 않다. 그에 반해 한국에서는 못 배운 것이 한이 된 여성이 조그만 식당을 운영해서 고생고생하며 모은 돈을 가난한 학생들에게 장학금으로 내놓는다는 뉴스가 특별하지 않다. 한국은 학문을 사랑하고, 공부하겠다는 사람을 돕는 나라인 것이다. 이런 토양은 한국의 역사와 문화의 산물이다. 예나 지금이나 자신의 아이를 선비로 만들려고 하는 한국 어머니들의 정성에는 변함이 없다.

조선의 임금 선조宣祖는 16세기 후반에 일본을 통일한 도요토미 히데요시가 시문은커녕 한문조차 제대로 읽지 못한다는 보고를 받고 "그는 정말로 사람인가?"라고 물었다고 한다. 조선의 엘리트는 모두 지식인이었다. 그러나 일본에서는 과거제도 같은 인재를 고르는 장치가 없었기 때문에 힘만 있으면 도요토미 히데요시처럼 천하를 통일하겠다고 나설 수 있었던 것이다.

학식이 있고 많이 배운 사람에게 높은 가치를 두는 한국에서 배움이 짧은 사람을 말할 때 '무식한 사람'이라고 하는데, 이것도 한국의 선비문화라는 측면에서 보면 이해가 되는 말이다. 일본에서는 못 배운 사람이라고 해도 전문기술 하나만 있으면 무시당하지 않을 뿐더러, '무식한 사람'이라는 욕 자체가 존재하지 않는다. 한국 속담에 '낫 놓고 기역자도 모른다'라는 말이 있는데 일본 속담에는 이에 해당되는 말 또한 없다.

한국 교육열의 근저에는 이처럼 선비를 동경해온 역사와 문화가 깔려 있다. 그리고 선비라는 최고의 가치관이 한국의 교육열을 고조시키는 한 요인이 되었음은 분명한 사실이다. 한국에서는 누구나 선비라는 가치관을 무의식적으로 추구하고 있다고 해도 과언이 아니다.

그리고 선비란 주로 남성을 중심으로 한 가치관이다. 역사적으로 최고의 여성상은 훌륭한 선비를 탄생시키는 어머니였다. 율곡 이이를 낳아 훌륭한 선비로 키운 신사임당은 한국의 이상적인 여성상이자 어머니상이었다.

이이뿐 아니라 퇴계 이황退溪 李滉(1501~1570)의 어머니 밀양 박씨도 아들에게 큰 영향을 끼친 어머니로 알려져 있다. 이런 예에서 보듯이 한국에서 여성은 주로 누구의 어머니로 기억된다. 그러나 일본에서 여성은 누구의 부인으로만 기억되는 경우가 많다. 한 예로 쇼와천황 히로히토의 부인 고준[香淳]황후가 2000년에 사망했을 때, 일본의 각 신문은 고준황후를 쇼와천황의 부인으로만 소개했고, 현 천황인 아키히토[明仁]의 어머니라고는 하지 않았다. 일본에서 여성은 어머니라기보다는 아내 또는 어떤 업적을 남긴 여성으로 기억되는 경우가 많다. 따라서 여성을 아이의 어머니라고 부르지 않는다. 일본에는 '철수 엄마', '영희 엄마' 등의 호칭이 없다.

그리고 선비란 예절이 바르고 의리를 지키는 인품을 지닌 사람이다. 즉 지식만으로는 안 된다. 때와 장소에 어울리는 예절을 몸에 익힌 사람이어야 한다. 선비란 학식이 있다고 해서 거만하게 구는 사람이 아니라 학식이 있으면 있을수록 겸손한 마음과 행동을 겸비한 사람이어야 한다.

　조선에서는 성리학 중에서 예학을 중시했다. 일제시대 소설 중 《남곡선생南谷先生》이라는 작품이 있다. 해방 후, 고려대 총장 등을 역임한 유진오가 1942년에 일본어로 발표한 소설 《남곡선생》에는 조선시대의 예법을 지키는 선비의 모습이 잘 그려져 있다.

　한의사인 남곡선생은 한복을 입고 다니며 예의를 잘 지키는 사람이다. 친척처럼 지내던 연하의 수동이란 남자의 어머니가 돌아가시자 남곡선생은 '자신보다 연하인 사람이라고 해도 그 사람이 상주이면 설날에 방문하여 새해 인사를 올려야 한다'라는 예법을 지켜, 설날에 수동이네 집을 방문해서 새해 인사와 함께 상주에게 위로의 말을 한다.

　일제시대였기 때문에 젊은 수동은 양력에 따라 행동하고 있었으나 남곡선생은 음력에 따라 움직였다. 따라서 음력 설날을 깜빡 잊고 있던 수동은 남곡선생에게 예의에 벗어난 행동을 하게 된다. 예법에 따르면 상주인 아들은 3년간 부모의 상을 지켜야 한다. 남곡선생은 다음 해 설날에도 상주에 대한 예의를 지켜서 아침 일찍 수동의 집을 방문한다. 그러나 수동은 설날을 잊고 있었고, 전날의 일로 인해 피로가 쌓여 아직도 잠을 자고 있었다. 수동의 부인은 남곡선생이 방문했을 때 수동이 부재중이라고 거짓말을 해버린다. 그 후에 수동이 남곡선생의 한의원을 찾아왔을 때 선생은 "예의를 잊은 사람은 짐승과 같다"고 말한다.

　많은 사람들이 이처럼 예의 교육을 강조하는 자세가 현재의 한국

교육에서는 상실되었다고 말한다. 그러나 아직 한국에서는 유교예절을 지켜 제사를 지내는 집들이 대부분이다. 인격교육 측면에서는 삼강오륜三綱五倫 사상이 지금까지도 한국인의 생활 속에 녹아 있는 것을 느낄 수 있다.

그러나 일본에는 현재 삼강오륜이라는 용어 자체가 없다. 일본에서는 근대화의 물결과 함께 19세기 중반부터 서서히 사라져버린 삼강오륜이라는 용어와 교육이 한국에서는 인격 형성에 지금도 큰 영향을 미치고 있다. 세계의 많은 사람들이 한류드라마를 보면서 감동하는

삼학사 중 하나인 윤집尹集(1606~1637)의 초상

이유 중 하나가 드라마에 나오는 등장인물들에게서 삼강오륜 사상의 실체를 느끼기 때문이다.

1636년 병조호란이 일어나 두 달 만에 인조가 청나라에 무릎을 꿇었을 때, 청은 화의의 조건으로 척화론을 주도한 사람들을 청나라에 보내라고 요구했다. 그때 많은 사람들은 보신에 급급했지만 몇몇 선비는 스스로 청나라에 잡혀가기를 청했다. 결국 삼학사로

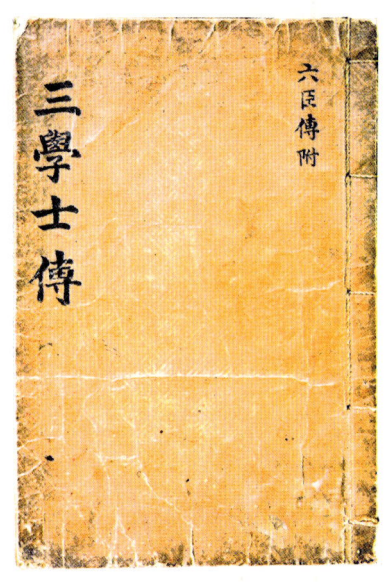

삼학사전 1671년(현종 12)에 송시열이 편찬한 삼학사의 전기

불리는 홍익한, 윤집, 오달제 세 사람을 청나라에 보냈고, 그들은 청나라의 회유와 협박에도 끝까지 굴하지 않고 처형을 당했다. 죽음까지 초월하여 자신의 말과 행동이 일치했다는 점에서 매우 훌륭한 선비의 본보기라 하지 않을 수 없다.

이와 같이 선비의 조건으로 원칙을 지키며 살아가는 자세를 빠뜨릴 수 없다. 어떤 것이든 일단 정해진 원칙에서 벗어나지 않게끔 사는 사람이 선비인 것이다. 선비는 인정에 빠져버리면 안 되고 어제와 오늘의 언행이 일치해야 하며 기회주의적 행동을 경멸할 줄 아는 사람이어야 한다.

개인적인 경험담이지만 내가 한국에서 석사과정을 이수하던 중에 일본에서 문명개화의 대부로 불리는 후쿠자와 유키치[福澤諭吉: 1835~1901]에 대해 발표한 적이 있다. 내가 발표를 마친 후에 담당 교수님이 "후쿠자와 유키치는 훌륭한 사람이었다. 여러 차례나 일본 정부로부터 각료로 들어와 달라는 권유를 받았지만 끝내 그 권유를 거절하고 재야의 계몽교육자로 남은 사람이다"라고 코멘트를 하셨다.

당시 나는 정부의 입각 요청을 거부한 것이 훌륭한 인물의 조건이라도 되는 것처럼 교수님이 말씀하시는 이유를 이해하지 못했다. '일본에서는 각료가 되어 나라를 위해 더 큰 업적을 남기면 오히려 훌륭한 인물이라는 말을 듣는데'라고 생각하면서도 그 교수님의 말씀은 오랫동안 내 머릿속에 남아 있었다. 그리고 나중에야 선비라는 가치관에서 볼 때 후쿠자와 유키치의 행동은 칭찬하고도 남을 법한 행동이었다는 것을 알게 되었다.

조선시대엔 관직을 마다하고 초야에 묻혀 성현의 길을 택한 선비가 많았다. 그런 선비 중 허목은 60여 년 동안 관직을 탐하지 않고 옹골차게 학문에만 매진한 대표적인 선비다. 허목은 여러 지방을 돌아다니면서 학문 연구와 집필에 몰두하여 많은 저서를 남기기도 했다. 허목은 50대 후반부터 여러 관직에 임명되었으나 병을 핑계로 사양하거나 사퇴를 거듭했다. 숙종의 지극한 우대를 받은 허목

후쿠자와 유키치 흉상 도쿄에 있는 게이오 대학 안에 있다. 후쿠자와는 탈아론을 주장하여 아시아 멸시관을 제시했지만 아직까지 일본인이 가장 존경하는 인물 중 하나이다.

은 80세 때인 1674년 11월에 대사헌에 특배特拜된 것을 시작으로 파격적인 영전을 거듭했다. 《숙종실록》에는 허목이 반년 동안 벼슬을 다섯 번이나 옮겨서 삼공三公에 이르렀으니 이는 만고에 없던 일이라고 기록되어 있다. 그러나 기본적으로 그가 관직을 원했던 것은 아니다.

선비는 자신이 학문을 연마하는 가운데서 얻은 소신을 거침없이 주장할 수 있는 사람이어야 한다. 그러므로 자신의 신념에 어긋나는 언행을 강요받을 수도 있는 관직을 탐낸다면 그 사람은 선비라고 할 수 없다. 선비란 출세나 명예보다 자신의 소신을 인생관과 언행의 중심축으로 삼고 사는 사람이다. 그리고 관직을 얻었다고 해도 자신의 신념을 굽히지 말아야 하며 윗사람에게 아부하지 않고 소신 있게 행동하는 사람이어야 한다. 선비란 관직을 탐내거나 재물에 눈이 먼 사람이 되어선 안 된다. 이 점이 선비의 정의 중 매우 중요한 부분이라 하지 않을 수 없다.

한국의 신문이나 방송에는 관직에 있는 사람이나 정치가들의 비리나 뇌물 사건이 뉴스거리로 올라가지 않는 날이 없을 정도로 자주 일어난다. 청와대의 고위간부가, 무슨 부의 장관이나 고위각료가, 유명 정치인이 하루아침에 비리 혐의로 구속되어 사회적으로 권위가 실추되는 사건을 실제로 수도 없이 목격하고 있다. 외부에서 보면 한국은 마치 비리와 뇌물 스캔들이 터지지 않는 날이 없는 '비리공화국' 처럼 보인다. 물론 일본에서도 스캔들은 있지만 그 빈도에서 한국의 비리 사건이 일본보다 훨씬 많다는 인상을 주고 있다. 하지만 이와 달리 선비는 재물에 눈이 먼 사람이면 안 된다. 속된 말로 돈을 밝히는 사람은 선비가 될 수 없다.

그런데 성리학이 전래된 후의 일본에서도 뇌물 비슷한 선물정치가 관행이었다. 막부의 장군을 보좌하여 실질적으로 행정적 결정을 내리는 사람들을 노중老中이라고 했는데 그들은 보통 4~8명 정도로 구성되어 합의제로 모든 결정을 내려 중대한 사항만 장군의 재가를 얻었다. 이 제도는 17세기 초에 도입되어 19세기 초반까지 별도의 급여가 없었다. 그래서 지방의 각 영주나 실력자들은 노중들에게 뇌물 비슷한 선물을 많이 바쳤다. 그래야만 각 지방에 유리한 결정이 빨리 내려졌기 때문이다. 고금동서를 막론하고 권력이 집중된 곳에는 항상 이런 뇌물 문제가 따르기 마련이었다.

매일처럼 터지는 비리 스캔들을 보면서 외국인들은 한국의 유교적 가치관에 의문을 품게 될 것이다. 그러나 극히 일부 인사들의 부정행위가 한국 전체의 현상으로 비친다는 것은 참으로 안타까운 일이다. 한국에서 공무원이란 '인정받은 도둑' 이라는 별명이 있다고 들은 적이 있다. 실제로 어떤 공무원은 몇 년 동안에 재산이 10배도 넘게 늘어났기 때문에 비리가 포착되어 구속되기도 했다.

조선시대의 선비인 유자儒者들을 분류하는 말로 진유眞儒와 속유俗儒라는 말이 있는데 현대에도 소위 속유적 공무원이나 거물들이 일으키는 사건으로 한국인의 선비적 이미지가 크게 손상되고 있는 것이다. 한국의 가치관에서 선비는 진유이고 높은 가치관을 자랑하지만 속유는 가짜 선비로서 매도당하는 존재이기도 하다. 그러므로 현재의 한국사회도 선비적 가치관과 속유적 가치관의 대결구도 속에서 움직이고 있는 것이다.

선비가 선비를 말하다

조선 선비가 선비에 대해 나름대로 정의를 내린 바 있다. 고려 말에 이성계의 조선왕조 창출에 중심적인 역할을 한 권근權近(1352~1409)은 선비에 대해 다음과 같이 말했다.

> 현달顯達하면 벼슬에 나아가 도를 실천하고 벼슬을 못하면 농사에 힘쓰는 것이 선비의 떳떳함이다.

선비는 기회가 있을 때 벼슬에 나가더라도 벼슬을 못할 때는 백성들과 함께 농사를 지으며 도를 닦는 것이 본분이라는 이야기이다. 이이李珥(1536~1584)는 《동호문답東湖問答》에서 다음과 같이 말했다.

> 선비는 산림에 묻혀서 자신의 몸만 깨끗하게 함을 목적으로 하는 게 아니라, 벼슬을 하고 모든 사람들을 자신처럼 깨끗하게 만듦을 목적으로 하고 있어야 한다. 즉 자신이 벼슬로 나가고 싶지만 세상이 자신을 받아주지 않을 때, 자신이 벼슬을 통해 이념구현을 할 수 없을 때, 또는 때를 만나지 못했을 때 부득이 산림에 묻혀 독선獨善하는 것이다.

이이는 그 외에 선비가 벼슬에 나가는 경우와 물러나 있는 경우를 나누어 다음과 같이 분류했다.

> 선비가 벼슬에 나가는 경우, 정도正道로 천하를 다스려 요순堯舜의 길

을 구현하는 선비는 대신大臣이고, 정도의 구현에는 힘이 부족하지만 재화를 두려워하지 않고 자신이 믿는 바를 임금에게 직언하는 선비는 충신忠臣이라 부르고, 일정한 능력을 갖고 자신의 직무에 충실한 선비를 간신幹臣이라 부른다.

관직에서 물러나 있는 경우, 큰 뜻을 품고 그에 상응하는 능력이 있음에도 여러 사정 때문에 은둔하면서 도道를 닦고 있는 선비를 천민天民이라 부르고, 자신의 능력이 부족하다는 것을 절실히 느껴 자신의 수양과 능력의 연마에 주력하는 선비를 학자學者라고 부른다. 그리고 고매한 인격을 갖고 있으면서도 세상에 관심이 없어 산중에 묻혀 사는 선비를 은자隱者라고 부른다.

이런 식으로 이이는 선비의 종류에 대해 설명했다. 그러나 이이는 자신이 분류한 종류에 실제로 속하는 선비는 흔하지 않다고도 했다.

17세기 중반 서인노론의 영수였던 송시열宋時烈(1607~1689)은 선비에 대해 다음과 같이 말했다.

> 선비가 이 세상에 태어나서 나아가면 임금을 잘 만나 도를 실행하는 것 이외에 다른 무슨 일이 있겠는가? 선비가 도를 배우는 것은 농부가 밭갈이하는 것과 같으니, 행도行道 두 글자는 선비 된 자로서는 모두 가당可當한 것이다.

> 선비가 벼슬에 나아가는 것과 들어앉아 있는 것은 결코 다른 길이 아니다. 스스로 자기의 역량과 시세의 가능함과 불가능함을 헤아려, 불

가능하면 머무르고 가능하면 나아가 도를 실천하는 것뿐이다.

실학자 이익李瀷(1681~1763)은 선비의 자세에 대해 다음과 같이 말했다.

> 선비는 덕이 닦아지지 않음을 걱정하고 이름이 세상에 알려지지 않음을 걱정하지 않는다. 학업이 넓지 못함을 걱정하고 맡은 일이 없음을 걱정하지 않는다.

선비에게 또한 중요한 것은 자신이 깨달은 만큼 도를 실천하는 것이다. 도란 인도人道의 뜻이고 인도란 인간의 선한 마음을 그대로 실천하는 것을 의미한다. 선비에게 필요한 것은 궁극적으로 자신이 몸담은 사회에 선한 마음을 실천하여 인도를 구현하는 것이어야 한다.

조선 후기의 실학자 이덕무李德懋(1741~1793)는 선비에게 가장 필요한 요건은 학문의 수준이나 통치 능력보다 인품이라고 주장했다.

> 선비에게 가장 귀한 바는 인품이 고상한 것이요, 재질과 학문은 그 나머지다.

이덕무의 선비에 대한 정의를 보면, 선비의 학문이란 그것을 통해 인품을 수양하는 수단이라는 학문관을 확인할 수 있다. 이웃나라 일본에선 학문을 통해 인품이나 인격을 수양한다는 관점이 없다. 그에 반해 한국인의 의식 근저에는 학문을 통해 인격을 수양할 수 있다는 생각이 깔려 있다.

선비에게는 이처럼 도학에 대한 깊은 믿음과 도를 실천하려는 역사적 사명감이 요구된다. 그러므로 선비를 지사志士라고도 한다. 일본에서는 지사志士라고 하면 유신기(19세기 중반)에 천황 편을 들어 일대 혁명을 일으켜 근대화 국가를 만든 사람들을 가리킨다. 일본의 지사들은 천황의 양이攘夷 명령을 어겨 외세에 굴복해 서양열강들과 굴욕적인 불평등조약을 맺은 에도 막부를 타도하고 천황을 중심으로 한 중앙집권국가를 실현시키는 것을 시대적 사명으로 생각한 사람들이었다. 그들의 논리는 존왕양이尊王攘夷를 기초로 한 미토학[水戶學]의 논리였다.

조선의 선비와 일본의 사무라이를 비교할 때, 선비는 무력을 가진 중앙 조정에 의해 죽임을 당하는 일이 다반사였으나 사무라이는 각각 무력을 보유하고 있었기 때문에 19세기 중반에는 중앙에 있는 막부를 무력으로 포위해 굴복시킬 수 있었다.

이런 사실을 보면 조선의 선비는 재야에 있으면서 도를 배우고 실천하는 사람뿐 아니라 벼슬에 나아가 백성을 위한 정도를 구현하는 사람 전체를 가리키는 말이라는 것이 확인된다.

선비는 학문과 예술성뿐 아니라 덕성을 갖춘 인격체이다. 인자하고 사회와 사람을 사랑하는 깨끗한 인격을 바탕으로 강인한 의지와 사명감을 갖고 비리와 타협하지 않으며 사회에 인도를 구현하는 사람들이 바로 선비인 것이다.

서양인의 눈에 비친 선비

선비라는 말은 영어로 a scholar(학자), a classical scholar(전통학자), a learned man(배운 사람), a gentleman(신사), a man of virtue(덕이 있는 사람) 등으로 번역된다. 결국 서양인이 보는 선비란 '배운 사람이자 덕이 있는 신사'인 셈이다.

그러면 서양인들은 어떤 한국인을 선비라고 생각하는가? 가장 최근의 예로서는 반기문 유엔사무총장을 들 수 있다. 그가 유엔사무총장으로 선출된 2006년 10월 당시, 미국의 라이스 국무장관은 그를 "Such a gentleman(훌륭한 신사)!"이라고 표현했고 미국의 볼턴 유엔대사는 "우리는 모두 반기문 씨를 존경합니다"라고 기자회견장에서 세계 각국의 언론에게 말했다.

그것은 미국인들이 한국의 선비정신을 반기문 씨를 통해 느꼈기 때문이다. 반기문 유엔사무총장은 한국에서 계속 관직에 있던 사람이다. 즉 관직에 있을 때 사욕을 버리고 국가와 국민을 위해 헌신하는 지식인을 사람들은 선비라고 부른다.

속유와 진유

선비와 양반 그리고 사족士族이라는 말은 어떤 차이가 있을까?

고대 중국에서는 관리나 지식계층의 집안을 사족이라 불렀다. 그러므로 사족이란 개인에 대한 호칭이 아니라 일족에 대한 호칭이다. 조선에서의 사족도 중국의 사족과 거의 같은 의미로 사용되는 말이다. 양반이라는 말은 사족과 같은 의미로 사족에 대한 존경의 의미를 더해 사용된 말이었다.

　박지원朴趾源(1737~1805)은 양반의 명칭이 다양함을 제시했다. 주로 독서를 하는 사람을 사士, 선비라 부르고, 벼슬을 받고 정치를 하는 사람을 대부大夫, 인덕을 갖춘 사람을 군자君子라고 했다. 이와 같이 사족과 양반은 일치하지만 사족이나 양반의 신분이라고 해서 반드시 선비가 되는 것은 아니다.

　선비는 한시를 지을 수 있고 육경六經(역경易經, 시경詩經, 서경書經, 춘추春秋, 주례周禮, 예기禮記)중 하나를 전공으로 하여 이를 상세히 알고 실천할 수 있어야 했다. 그뿐 아니라 선비는 육예六藝(예禮, 악樂, 사射, 어御, 서書, 수數) 중 하나를 전문적으로 할 수 있는 사람이어야 했다. 이와 같은 재능을 갖추지 못한 사람은 신분 상으론 양반 속에 들어갈 수 있어도 선비가 될 수는 없었다. 반면에 신분이 낮아도 선비로서의 조건을 갖춘 사람이라면 선비가 될 수 있었다.

　결국 선비란 죽음 앞에서도 소신을 갖고 일을 추진하는 학식과 덕성 그리고 예술성을 갖춘 사람이어야 한다. 그리고 선비는 출세와 재물에 눈이 멀어 부패해서는 안 되고, 뇌물에 손을 내미는 순간 그 사람은 선비 대열에서 탈락된다. 선비는 예의와 의리, 그리고 덕성으로 사람들을 이끄는 참 스승인 것이다.

　속유는 자신의 출세와 재산에만 관심이 있는 가짜 유자이고 진유가 바로 선비이다. 한국사를 관통하는 원동력 중 하나가 바로 속유와 진유(선비)의 싸움인 것이다.

사무라이와 무사도

일본에서 사무라이란 정확히는 상류 무사武士를 가리키는 말이다. 그러므로 무사라는 말은 엄밀히 말하면 '사무라이'보다 넓은 개념으로 사용되어, 상급·하급을 막론하고 일본의 무인들 전체를 가리키는 말이다.

그러나 무사도武士道라고 할 때는 모든 무인들이 상급 무사인 사무라이가 되기 위해 따라야 하는 규범을 가리키는 말이다. 일본인은 여러 가지 예술이나 무술에 도道자를 붙이는 경향이 있다. 다도茶道, 화도華道, 유도柔道, 검도劍道 등이 그것이다. 도道자를 붙이면 도를 닦는 구도求道의 자세가 요구되어 궁극적인 어떤 경지를 추구하는 종교적이고 철학적인 의미를 갖게 된다. 무사도라는 말도 마찬가지다. 무사가 추구해야 할 가치관과 그 경지에 이르는 길을 제시하는 것이 무사도인 것이다. 그리고 '무사도'가 요구하는 자세나 경지로서 다음과 같은 규범들을 들 수 있다.

- 무사는 주군에게 충성을 다해야 한다.
- 무사는 부모에게 효도를 다해야 한다.
- 무사는 스스로를 엄하게 다스려야 한다.
- 무사는 아랫사람에게 인자하게 대해야 한다.
- 무사는 사적 욕심을 버려야 한다.
- 무사는 부정부패를 증오하고 공정성을 존경해야 한다.
- 무사는 부귀보다 명예를 소중히 여겨야 한다.
- 무사는 패배한 적에게 연민의 정을 베풀어야 한다.

- 무사는 죽음을 두려워하지 않아야 한다.

무사는 이런 내용들을 '무사도'의 기본적 규범으로 보았다. 일본의 무사는 위의 규범을 지켜야만 사무라이가 되는 것이다.

1900년에 기독교 신자이자 유명한 교육자였던 니토베 이나조〔新渡戶稻造〕는 유려한 영문으로 쓴 《무사도BUSHIDO : THE SOUL of JAPAN》에 위의 내용을 넣어 처음으로 서양에 소개했다. 니토베의 《무사도》는 일본인의 윤리관을 제시한 명저로 꼽힌다.

《무사도》는 시어도어 루즈벨트 대통령, 존 F 케네디 대통령 등의 정치가나 보이스카우트 창립자 로버트 파월 등, 많은 서양인에게 영향을 주었다. 일본의 사무라이 세계의 설명을 담은 이 책은 세계적으로 유명하다. 그런데 이 규범 중 '무사'를 '선비'로 바꾸면 선비의 정의와 일맥상통한다는 점에 주목해야 한다. 위의 문장 중 실제로 '무사'를 '선비'로 바꿔보면 다음과 같다.

- 선비는 주군에게 충성을 다해야 한다.
- 선비는 부모에게 효도를 다해야 한다.
- 선비는 스스로를 엄하게 다스려야 한다.
- 선비는 아랫사람에게 인자

《무사도》의 초판 니토베 이나조가 쓴 《무사도》는 서양인에게 사무라이의 존재를 알렸다.

하게 대해야 한다.
- 선비는 사적 욕심을 버려야 한다.
- 선비는 부정부패를 증오하고 공정성을 존경해야 한다.
- 선비는 부귀보다 명예를 소중히 여겨야 한다.
- 선비는 패배한 적에게 연민의 정을 베풀어야 한다.
- 선비는 죽음을 두려워하지 않아야 한다.

이렇게 보면 무사의 정의가 선비의 정의와 놀라울 정도로 통한다는 것을 알 수 있다. 선비는 자신의 소신을 굽히지 않았고 사약을 앞에 두고도 두려워하지 않은 경우가 많았다. 그리고 선비는 임금이 잘못했다고 생각하면 그것을 고치기 위해 자신의 소신을 거리낌 없이 주장했다. 이런 행위는 외면적으로는 임금에 충성을 다한다기보다 임금의 생각에 거역하는 것으로 보이기도 했다. 실제로 한국의 역사에서는 임금의 생각에 반대한 선비가 사약을 마셔야 했던 경우가 비일비재했다. 그러나 선비는 임금의 잘못된 마음을 고치는 행위야말로 진정한 충성이라고 믿고 있었던 것이다.

일본에서도 목숨을 걸고 주군에게 직언한 사무라이가 많았다. 사실, '무사도'가 주장하는 것은 멸사봉공滅私奉公이라는 집단주의와 대극을 이룬다. 사무라이는 각자 스스로의 신념에 어긋난다고 생각하면 주군의 명령이라고 해도 그 잘못을 지적하면서 주군에게 충고했다. 즉 목숨을 걸고 자기의 주장을 펼쳤던 것이다. 그것이 오히려 주군을 지키는 행위라고 여겼고 충의忠義라고 생각되어 제도적으로도 인정되었다.

이런 내용을 보면 선비와 사무라이는 목숨을 걸고 임금이나 주군을 올바른 방향으로 이끌려고 했다는 점에서 대단히 흡사하다.

위의 정의 가운데는 '패배한 적에게 연민의 정을 베풀어야 한다'라는 정의 하나만이 무사에게만 해당되는 내용이라고 할 수 있다. 선비는 실제로 전쟁터에서 싸운 일이 거의 없었기 때문이다.

니토베 이나조(1862-1933) 니토베는 독실한 기독교신자였고 식민학의 권위자이기도 했다. 현재 일본의 5천 엔 지폐에는 그의 얼굴이 있다.

무사도에는 유학이 살아 있다

정의만 비교해보면 선비와 사무라이가 상당히 비슷하다. 그 이유는 어디에 있는가?

옛 일본 무사의 모습을 생각해보면, 무사도의 핵심이라고 설명되는 주군에 대한 윤리적인 충성 의식은 높지 않았다. 그 이유는 당초 주군과 가신들의 주종관계가 의리나 신의에 입각한 것이 아니라 일종의 계약관계였기 때문이다. 가신이 주군에 대해 목숨을 걸고 봉공奉公하여 무공武功을 세우면 주군은 가신에게 그 대가로 은혜(御恩)를 베풀어줘야 했다. 베풀어주는 은혜는 기본적으로 땅이었다. 그러므로 무사는 공로를 세워서 땅을 얻어 그 땅의 주인이 되는 것을 인생의 목표로 삼았다. 그러므로 무사는 당연히 은혜를 베풀어줄 수 있는 주군을 모시려고 지금까지 자신이 모시던 주군을 떠나기도 했다. 심지어 그런 계약관계를 파기하려고 하는 주군을 제거하는 하극상까지 일어났다.

전국시대(15세기 중반~16세기 중반)가 끝나고, 일본을 통일하려던 오다 노부나가(織田信長)는 그의 충신이었던 아케치 미쓰히데(明智光秀)에게 살해당한다. 이 사건은 일본 무사의 하극상 중 가장 큰 사건이었다. 당시 오다 노부나가는 전국을 통일한 후, 지방의 모든 영주들을 자신의 아즈치성(安土城 : 현재 시가현(滋賀縣)에 위치했다) 주변에 살게 할 계획이었다. 그것은 영주들을 인질로 삼아 지방에서 중앙을 노리는 반란이 일어나지 않게 하려는 노부나가의 구상이기도 했다. 그러나 그 계획은 '무사라면 일정한 토지를 통치해야 한다. 토지와 함께 살아야 한다'라는 무사의 전통적 개념을 파괴하는 행위였다. 이 계획뿐 아니라 노부나가는 천황이 가진 문화적 권위마저 부정하여 천황을 교토에서 아즈치성으로 이주시키라고 명령했다.

이에 반발하는 사람 가운데는 노부나가에 대한 개인적 원한까지 갖고 있던 측근 아케치 미쓰히데가 있었다. 아케치는 많은 무사가 자신을 지지해줄 것이라 믿고 교토의 혼노사(本能寺)에 머물고 있던 주군 오다 노부나가를 급습하여 스스로 자결하게 했다. 혼노사는 불에 탔고 노부나가의 시체는 끝내 찾을 수 없었다. 그 후 미쓰히데는 노부나가의 오른팔이었던 도요토미 히데요시와의 전쟁에서 패배하게 됐고, 그의 권좌는 3일 천하로 끝난다. 아케치 미쓰히데에 의한 오다 노부나가 살해사건은 역사를 바꾼 하극상의 예라 할 수 있다.

16세기 말까지, 즉 임진왜란이 끝난 무렵까지는 후세에서 말하는 것처럼 '배반행위는 비겁한 행위다', '무사는 주군과 생사를 같이 한다', '주군이 주군답지 않아도 가신은 가신다워야 한다'라는 사고방식은 무사의 주류적 사고방식이 아니었다.

무사에게는 주군을 바꿔 다른 주군을 모실 수 있는 권리가 있었고, 그 사실은 하극상을 어느 정도 인정하고 있었다는 의미이다. 이것은 16세기 말까지 일반적인 무사의 사고방식이었다. 그런데 이 같은 일본 무사의 상식적인 사고방식을 바꾸어 선비와 똑같은 생각을 갖게 한 요인은 무엇일까?

임진왜란을 계기로 일본 무사의 사고방식에 일대 변화가 일어났다. 임진왜란 후 일본으로 납치되어 간 조선 유학자들이 일본에서 성리학의 계통을 확립했다. 일본에 유학, 즉 조선 성리학을 전한 대표적인 학자가 강항姜沆이다. 강항은 성혼의 문인이었고 일본에는 3년 정도 체류했다. 그때 강항이 일본의 유학자 후지와라 세이카(藤原惺窩: 1561~1619) 등에게 성리학을 전달하여 일본 내에서 성리학의 계통을 만들어냈다. 그의 계통이 에도 막부 성리학의 중심을 만들었고 대단히 저명한 유학자들을 많이 배출시켰다.

강항을 이은 제자에게 배운 학자 가운데는 에도 막부의 제6대, 제7대 장군을 도와 개혁을 추진한 아라이 하쿠세키(新井白石), 대마

교토의 혼노사 1582년에 오다 노부나가가 여기서 살해당했을 때 소실되었으나 1592년에 도요토미 히데요시가 재건하였다.

번의 수석 유학자로서 조선과의 외교관계에 정성을 다한 아메노모리 호슈〔雨森芳洲〕 등이 있다. 그리고 메이지시대에 일본 정신교육의 지주가 된 '교육칙어'를 기초한 모토다 나가자네〔元田永孚〕 등도 강항의 계통을 이어받은 일본인 유학자이다.

이처럼 에도시대에 접어들자 임진왜란 때 일본에 연행된 조선 유학자들이 일본 각지에서 유학의 스승으로 초빙되었다. 그 영향으로 당시 일본에서는 조선을 성리학의 고향으로 숭배하는 풍조가 생겨났다.

그것을 잘 보여주는 예가 있다. 17세기 이후 조선통신사가 일본을 방문할 때마다 일본의 민중은 크게 환영했다. 문교의 나라, 예의지국에서 온 조선통신사를 일본인은 열광적으로 맞이한 것이다. 당시 일본인은 한시를 지어 통신사 일행이 지나가는 길목에서 기다리다가 쫓아가서 고쳐달라고 요청했다. 조선통신사는 자신에게 다가오는 많은 일본인에 놀라 일본인을 상대하는 제술관製述官이라는 전문직을 두었을 정도였다. 17세기에서 18세기 중반까지 조선통신사를 맞이하는 일본인의 열광적인 모습은 2004년도의 한류 붐을 훨씬 능가하는, 당시의 한류 붐이었던 것이다. 당시 성리학은 자연스럽게 일본 학문의 중심적 위치를 차지하게 되었고 에도 막부의 관학, 정통사상이 되었다.

그 영향으로 성리학을 대입시켜 무사의 가치관을 설명하려는 학자들이 나타나기 시작했다. 그 대표적인 인물이 병학자이자 유학자였던 야마가 소코〔山鹿素行〕이다. 그는 무사도의 전신인 사도士道를 확립시킨 사람이다. 그의 사도에 의해 유교적 윤리인 인仁, 충忠, 효孝 등이 무사에게 요구되는 규범이 되었다.

1. 한일을 대표하는 정신, 붓과 칼

아메노모리 호슈 현창비 아메노모리 호슈의 공적을 기리는 이 현창비는 나가사키 현립 역사자료관 안에 있는 쓰시마 섬 이즈하라 향토자료관에 전시되어 있다.

야마가 소코가 창시한 학문을 고학古學이라 한다. 그런데 그의 고학은 훗날에 일본 우익사상의 기초를 형성시키는 사상이 들어 있었다. 그는 저서 《중조사실中朝事實》에 다음과 같이 썼다.

> 진정한 중국은 일본이다. 중국이나 조선은 몇 번이나 왕조가 바뀌어 중심이 정착되어 있지 않는 나라들이다. 그러나 일본은 고대로부터 왕조가 면면히 이어져 내려와 왕통이 끊긴 적이 없다. 바로 일본이야말로 중심이 흔들리지 않는 중국인 것이다.

조선통신사 내조도來朝圖 고베시립박물관 소장. 1748년에 도일한 조선통신사가 막부 장군을 알현하고 에도의 숙소로 돌아가는 모습을 화려한 색채로 그렸다. 하네가와 도에이[羽川藤永] 그림.

무사는 자신의 정통성을 천황에서 찾았다. 그리고 무사도와 천황을 연결시키려는 움직임이 이처럼 시작되었던 것이다. 어쨌든 무사도의 규범 중 핵심적인 부분은 조선에서 전래된 성리학에서 유래되었다. 그러므로 선비가 칼을 차면 사무라이가 된다는 말이 나오게 된 것이다. 이것이 무사의 규범이 선비의 규범과 매우 비슷해진 까닭이다. 임진왜란으로 조선을 침략한 도요토미 일가를 멸망시키고 에도 막부를 세운 도쿠가와 이에야스는 성리학을 관학으로 삼고 조선과의 선린우호 관계를 약 270년간에 걸쳐 지켜나갔다.

사무라이 정신

선비와 사무라이는 다소 다른 메시지를 우리에게 주고 있다. 성리학의 효 사상을 중시한 나라가 한국이고 효보다 충을 강조한 나라가 일본이기 때문이다.

한국에서는 효심을 강조한 이야기가 많다. 그러나 일본에서는 주군에 대한 충성을 그린 이야기가 환영을 받는다. 일본에서 왜 효보다 충을 강조했을까? 역사 속에서 사무라이는 부자간이나 형제간이 서로 다른 주군을 모시고 전쟁터에서 생사를 건 전쟁을 한 예가 허다하다. 일본에서는 부모형제보다 주군과 자신과의 관계를 중시한 것이다.

일본에서 유명한 충성의 이야기로 주신구라〔忠臣蔵〕라는 실화가 있다. 이 이야기는 주군을 위한 신하들의 복수극이다. 1701년 현 효고현〔兵庫縣〕에 있던 아코번〔赤穗藩〕의 번주 아사이 나가노리〔淺井

長矩]가 개인적인 원한으로 에도성 내에서 막부관리 기라 고즈케노스케〔吉良上野之介〕를 칼로 베어 중상을 입혔다. 아사이 나가노리는 1682년에 도일한 조선통신사를 이즈〔伊豆〕에서 대접하는 중책을 맡았던 인물이기도 하다.

　이 사건으로 아사이는 할복을 명령받아 죽는다. 그리고 아코번은 폐번 조치가 되어 번의 재산이 모두 막부에 몰수당했고 사무라이는 하루아침에 낭인 신분이 되고 말았다. 이에 기라〔吉良〕에게 복수를 해야겠다고 결심한 구 아코번의 사무라이 47명은 억울하게 사망한 주군 아사이의 명예를 회복시키기 위해 기라를 살해하려는 계획을 세운다. 그리고 복수가 끝난 후에는 모두가 스스로 할복할 것을 맹세한다. 자신의 행동이 순수하게 주군을 위한 것이었음을 증명하기 위해 모두가 그 결정에 따르기로 맹세한다.

　이렇게 하여 소위 아코 47사는 주군의 명예 회복을 위해 개인적인 생활과 가족마저 버리고 복수의 기회를 기다린다. 사전에 계획이 알려지면 모두 체포당해 목적을 달성할 수 없으므로 철저하게 비밀을 지키면서 산다. 일년 후에 드디어 때가 오자 아코 47사는 에도의 기라 저택에 침입해서 주군의 적인 기라 고즈케노스케를 베어 복수를 달성하고 주군 아사이의 묘 앞에 기라의 목을 바친다. 그 후 그들은 막부에 자수하여 47사 전원이 약속대로 스스로 할복 자살을 한다.

　이 이야기는 에도시대 이후 현재까지도 사욕을 버리고 충의 정신을 구현한 훌륭한 사무라이의 예로 연극, 소설, 드라마, 영화 등 다양한 분야에서 작품화되었다. 그러나 이 이야기가 미화되는 이유는 다른 데에 있지 않다. 바로 복수가 끝난 다음에 아코 47사가 할

복을 했기 때문이다. 죽음으로 모든 것이 미화되는 일본 특유의 정신세계가 거기에 있다.

사무라이에 관한 이와 비슷한 이야기가 한국에도 전해진다. 어느 가난한 사무라이가 어린 아들과 함께 떡 가게 옆에 살았다. 어느 날 사무라이의 아들이 떡 가게에서 놀다 돌아왔는데 떡 한 접시가 없어졌다. 떡 가게 주인은 사무라이의 아들을 범인으로 지목했다.

일을 마치고 귀가한 사무라이는, "내 아이는 사무라이의 자식이다. 아무리 가난할지라도 남의 떡을 훔쳐 먹는 일은 절대로 있을 수 없다. 나는 항상 아이에게 사무라이는 먹지 않아도 이쑤시개를 입에 물고 잘 먹었다는 표정을 지어야 한다고 가르쳐왔다."

이렇게 말하면서 아이의 무죄를 주장했다. 그러나 아무리 말해도 떡 가게 주인은 떡값을 요구했다. 참다못한 사무라이는 칼을 뽑아 어린 아들의 배를 갈라 보여 떡을 먹지 않았다는 것을 증명한 뒤, 떡 가게 주인을 죽이고 자신도 할복자살했다.

이것은 꾸며낸 이야기지만 명예를 잃었을 때는 상대를 죽이고 자신도 죽음으로 책임을 지려는 사무라이의 모습을 표현한 이야기라고 할 수 있다. 선비와 칼은 어울리지 않지만 사무라이는 항상 칼과 한 몸이 되어 살았다.

근대화 이후의 무사도

유신(1868) 이후, 일본에서는 사농공상의 신분제도를 폐지하는 '사민평등'이 포고되었다. 이로써 무사계급은 사라져버렸다. 이와 동시에 한때 사무라이 정신인 무사도가 강조되지 않게 되었다. 무사도를 일시적으로 버리고 서양주의를 적극 도입했던 것이다.

유교적 사고방식이 일본의 문명적 발전을 저해한다는 계몽주의자 후쿠자와 유키치〔福澤諭吉〕의 책들이 베스트셀러가 되기도 했다. 이에 따라 유교, 유학, 성리학 등에 대한 관심이 낮아졌고 그것을 정신적 기조로 한 무사도 정신도 잊어야 할 구시대적인 사고방식으로 간주되기도 했다.

그러나 청일전쟁(1894~1895) 이후, '무사도'가 재평가되기 시작했다. 그것은 일본정부가 교육칙어를 작성하는 과정에서 천황을 가장으로 하는 가부장적 질서를 유학의 이념으로 체계화하는 것이 일본국가 건설을 위해 필요하다는 판단을 내렸기 때문이다. 청일전쟁에서 이긴 일본은 1850년대에 서양열강들과 맺은 불평등조약을 개정하는 데 성공했다. 그러므로 이제 자신의 원래의 모습이나 가치관을 주장해나갈 수 있다고 생각한 것이다.

청일전쟁 승리를 계기로 전술한 니토베 이나조의 《무사도》가 출판되었다. 니토베가 1900년에 해외용으로 쓴 《무사도》는 일본어로 번역되어 일본에 역수입되었다. 이 책이 일본에서 출판되자 한때 '무사도' 붐이 일기도 했다. 니토베는 이 책 속에서 무사도와 서양의 기사도를 비교해, 무사도가 일본인의 윤리와 사상의 핵심이라고 설명했다. 무사도의 일본어 발음인 'Bushido'는 현재도 세계에서 그대로 통하는 말이 되었다.

청일전쟁을 이긴 일본에 대해 서양열강들의 관심이 집중된 것은 당연한 일이었다. 서양인들은 이제 본격적으로 일본에 대해 배우려 하기 시작했다. 당시 미국에 체류 중이던 니토베에게 서양인 친

구들이 이렇게 물었다.

"일본은 특정한 종교가 없는데 일본인의 도덕관은 어떻게 형성된 것입니까?"

이 질문에 대한 답으로 니토베는《무사도》를 썼다. 청일전쟁 승리 때문에 고조된 일본에 대한 관심 덕분으로 이 책은 미국뿐 아니라 서양 각국에서 대단한 화제가 되었다. 이리하여 니토베의《무사도》를 통해 서양인들은 일본을 다시 보는 계기를 마련할 수 있었다. 그러나 일본 사무라이 정신으로 소개된 무사의 미덕은 전술한 바와 같이 성리학의 이념으로 무사도를 설명한 것이었다는 점을 간과해서는 안 된다. 그러므로 성리학의 범주를 벗어나는 무사의 모습은 서술에서 제외됐다. 니토베가 소개한 무사도의 정신은 원래 조선 선비의 정신이었다. 그런 면에서 니토베는 서양인들에게 무사도와 함께 조선의 선비정신을 함께 소개했다고 해도 과언이 아니다.

이런 동기를 가지고 해외용으로 출판된《무사도》는 일본의 사무라이 정신을 미화한 면이 많다. 무사도의 또 다른 본질인 병학兵學적 사고방식, 예를 들면 이기기 위해서는 철저하게 적을 연구하며 적의 허를 찌르는 전략적 사고방식이나 침략을 선善이라고 생각하는 특징 등에 대해서는 소개하지 않았다.

일본이 만주사변을 일으켜 괴뢰만주국을 건국(1932)했을 무렵, 철학자 이노우에 테쓰지로〔井上哲次淺〕로 대표되는 일본의 국가주의자들은 무사도를 일본 민족, 일본국민의 도덕과 동일시하여 1932년에《무사도의 본질》이라는 저서를 발표하기도 했다.

니토베 이나조의《무사도》는 청일전쟁과 노일전쟁 사이에 쓰여

졌고, 이노우에 테쓰지로의 《무사도의 본질》은 만주사변 직후 일본이 국가주의를 내세워 군인들이 테러로 정국을 장악했을 무렵(1932. 5. 15)에 출판되었다. 일본의 무사도 붐은 실제적으로 일본이 무력을 전면으로 내세운 정책을 펼치려는 시점과 때를 같이 해서 일어났던 것이다.

선비와 사무라이의 탄생

선비와 사무라이의 기원

한국에서 선비의 기원을 정확히 정의하기란 쉽지 않다. 그러나 삼국시대 초기에 유교문화가 전래되면서 선비에 대한 인식이 생겼다고 볼 수 있다.

고구려의 을파소乙巴素(?~203)는 191년에 고국천왕이 그를 재상으로 임명하자 다음과 같이 말했다.

> 때를 만나지 못하면 숨어 살고 때를 만나면 출사하는 것이 선비로서 떳떳한 일이다.

고구려의 을파소는 선비정신을 잘 이해하고 있었다는 이야기이다. 우리나라 선비에 대한 보다 구체적인 개념의 기초는 고려시대에 생겼다. 고려시대에는 통치이념이나 학문으로서의 유교와 신앙으로서의 불교가 병립하는 시대였으므로 고려의 선비는 불교신앙을 갖고 있는 경우가 적지 않았다.

고려는 고종 말에 원과 화친을 맺어 그 후 계속 원나라의 간섭을 받았다. 그러나 화친으로 원과의 전쟁이 끝났으므로 고려 내에서 문교文敎정책이 부활되었다. 충렬왕 때가 되어 문교정책이 부흥하기 시작하여 그 시대에 원나라 문화가 고려에 많이 유입되었다. 남송南宋을 멸망시킨 원나라는 구 남송의 유학자들을 원나라에 초청하여 유학을 중심으로 학문을 장려했기 때문이다.

안향安珦(1243~1306)은 이런 시기에 원나라를 왕래하며 그곳 유학의 학풍을 직접 보고 그것을 고려에 전달해 우리나라 최초의 성리학자가 된다. 안향은 1289년에 원나라에 가서 주자의 저서를 직접 손으로 베끼고 공자와 주자의 화상畵像을 그려 귀국했다.

고려 후기인 당시는 무신정권에 의한 정치적 불안, 불교의 부패, 원나라의 간섭 등으로 총체적인 위기상황이었다. 안향은 그런 시대 상황을 극복하기 위해 국가이념을 새로 세울 목적으로 성리학을 도입한 것이다. 성리학을 기준으로 생각해보면 안향은 선비의 기원을 확립한 사람이라고 할 수 있다.

안향에 의해 성리학이 전래

소수서원에 있는 안향의 초상

된 후에, 고려에는 유자들이 많이 등장하는 시기가 왔다. 그들은 불교를 배척하여 유교를 나라의 정통사상으로 하자고 강력히 요구하는 숭유척불崇儒斥佛로 일관했다. 이런 과정을 통해 죽음을 마다하고 믿는 바를 실현하려는 선비의 기풍이 확립되어갔다.

조선시대의 선비는 이런 면에서 고려 말기 안향이 원나라에서 배워온 성리학에서 그 기원을 찾을 수 있다. 조선시대의 선비는 성리학을 탐구하여 심화시켰다. 그리고 조선 후기가 되면 성리학에 유래되는 화이관華夷觀을 부정하여 민본주의를 실현하려는 실학이 일어나기도 했다.

1392년에 일어난 조선 건국은 이성계의 무력을 빌려 국가의 이념을 불교에서 성리학으로 전환한 이념혁명이기도 했다.

반면에 1192년에 일어난 일본의 귀족사회에서 무사사회로의 전환은 이념적 혁명이라는 측면이 없는 패권싸움의 결과였다. 성리학의 명분론을 빌린 일본에서의 혁명은 19세기에 일어난 유신이라고 할 수 있다.

그러면 일본에서 무사(사무라이)는 언제 발생했는가?

무사의 발생 원인 중 하나는 농민이 자신의 토지나 재산 등을 지키기 위해 무사가 된 경우이다. 그것은 헤이안〔平安〕시대(794~1191) 후기의 현상이다. 약한 입장인 농민은 조정이 파견한 국사國司나 그 대리 그리고 그들과 결탁한 농민으로부터 자신의 토지나 재산을 지키기 위해 칼과 갑옷으로 무장했다. 이것이 무사의 기원 중 하나이다.

그중에서도 각 지방의 유력농민은 기타 많은 농민을 이끌면서 무장집단을 조직했고 스스로 지도자가 되었다. 이 지도자를 '동량棟

梁'이라고 했고 이런 무장집단을 무사단이라고 한다. 그러므로 무사는 원래 농민이었던 사람들이 많다. 임진왜란을 일으킨 도요토미 히데요시도 농민 출신이다. 농민을 중심으로 한 무사단은 장원이나 국부 관리하의 농지(조정에 세를 납부하는 농지) 등 여러 곳에서 등장했다.

헤이안시대 중간쯤부터는 율령은 있어도 이름뿐이었고 국사國司 중에는 그 지위를 이용해, 과도하게 세를 징수하거나 농민의 토지를 약탈하는 사람들이 나타났다. 그 토지의 호족이나 농민이 심한 부정을 저지른 국사를 교토(京都)에 있는 조정에 고소한 사례도 있다. 한편 무사단은 일족이나 가까운 사람들을 중심축으로 결속하며 성장해갔다. 무사단이 커진 이유는 수가 많을수록 싸움에서 유리했기 때문이다.

일본 무사의 기원 중 또 하나는 당시 일본의 도읍이었던 교토로 돌아가지 않고 임지에 남은 국사가 그대로 무사의 동량이 된 경우이다. 국사로 임명되어 실제로 각 지방에 내려가 관리 생활을 한 사람을 수령受領이라고 한다. 이런 수령 중에는 교토에서는 신분이 별로 높지 않는 중류 귀족이나 왕족도 있었다. 그러나 그런 사람들은 지방에 내려가면 매우 지위가 높고 좋은 혈통을 가진 사람으로 대접을 받았다. 이런 수령들 가운데 임기가 끝나도 교토에 돌아가지 않고 수령이었을 때 얻은 자신의 영지에 그대로 남아 버리는 사람들이 나타난 것이다. 이런 사람들로는 천황의 후손인 헤이시(平氏)나 겐지(源氏)가 있었다.

지방의 호족들은 그 지방에 잔류한 헤이시나 겐지를 자신의 지도자로 추대했다. 이런 지도자를 무가武家의 '동량'이라고 한다. 가마쿠라〔鎌倉〕막부(1192~1333)를 세운 미나모토노 요리토모〔源賴朝〕의 조상들은 이런 무가의 동량들이었다. 그러므로 요리토모는 자신이 머무른 관동關東지방 무사단들의 지지를 얻어 관동 무사단의 동량이 된 것이다. 〔'미나모토(源)'는 일본발음으로 '겐(源)'이라고도 읽는다. 그래서 '미나모토(源)' 성을 가진 사람들의 일족을 '겐지(源氏)'라고 부른다.〕

최초의 무사

일본 최초의 무사로 뽑히는 다이라노 마사카도〔平將門 : 903~940〕는 헤이안 시대 중기의 무장이다. 마사카도는 간무〔桓武〕천황(737~806)의 자손으로 '다이라〔平〕' 성姓을 하사받은 다카모치왕〔高望王〕의 손자이다. '다이라〔平〕' 성을 가진 사람들은 헤이시〔平氏〕일족을 구성했다. '다이라〔平〕'는 일본어 발음으로 '헤이〔平〕'라고도 읽으므로 그 일족을 '헤이시' 혹은 '헤이케〔平家〕'라고 한다.

그리고 성명을 말할 때 '다이라노~', '미나모토노~'라고 하는데, 이때 '노' 자는 일본어로 '~의'라는 뜻으로 소속을 나타내는 조사이다.

마사카도는 관동지방에서 터진 헤이시 일족의 항쟁이 계기가 되어, 관동 여러 지방의 중심지를 습격해 국사의 금인을 빼앗았기 때문에 조정의 적으로 간주되었다.

마사카도는 '신황新皇'을 자칭해, 동일본에 새로운 조정을 만드는 것을 목표로 했지만 뜻을 이루지 못하고 조정군에 의해 토벌당

한다. 이것을 다이라노 마사카도의 난으로 부르고 일본에서는 이 사건을 무사의 발생으로 평가하기도 하다.

그리고 다이라노 마사카도의 원령이 지금까지도 영향을 미치고 있다는 이야기를 잠깐 소개할까 한다. 마사카도는 지방에서 교토의 헤이안경[平安京 : 당시의 도읍 이름, 794~1868까지 일본의 도읍지였다]에 올라가 당시의 권력자 후지와라노 다다히라[藤原忠平]와 주종 관계를 맺었다. 그러나 얼마 가지 않아 아버지가 급사해 고향 영지로 돌아갔다.

그 후 마사카도는 헤이시 일족의 친족 분쟁에 말려들게 된다. 헤이시 일족의 친족 분쟁의 발단은 그 지방[현 이바라키현(茨城縣)]의 전 국사 원호源護의 딸의 혼인을 둘러싸고 일어났다.

마사카도는, 935년 2월에 원호의 아들에게 습격을 당하면서 이 분쟁에 말려든다. 원호의 아들의 군세를 격퇴한 마사카도 군은 원호 일족을 섬멸시켰다. 원호의 원군으로서 마사카도의 숙부 다이라노 구니카[平國香]가 마사카도군을 공격했으나 마사카도는 숙부 군도 섬멸시킨다.

헤이시 일족의 다이라노 요시마사[平良正]가 군사를 모아 마사카도군과 대치했지만 마사카도는 요시마사의 군대도 격파시킨다.

이에 헤이시 일족 중의 반反 마사카도군은 다시 군사를 모아 마사카도군과 싸웠지만 마사카도군의 기습작전을 못 이겨 결국 시모쓰케쿠니[下野國 : 현 도치기현(栃木縣)]의 고쿠가[國衙 : 국사가 있는 곳]에 보호를 구한다. 마사카도는 시모쓰케쿠니 고쿠가를 포위해, 결국 고쿠가로 하여금 마사카도의 정당성을 인정하게 만든다.

그런데 같은 해 조정은 마사카도에 대해 헤이시 일족의 분쟁에 대한 해명을 요구했다. 마사카도는 헤이안에 가서 심문을 받긴 하지만 937년 4월에 귀향을 허락받았다. 귀향 후에도 마사카도는 헤이시 일족 대부분과 대립하여 전투는 계속된다. 일련의 전투에서 많은 사상자를 낸 마사카도는 일단 퇴각할 수밖에 없게 된다.

이 과정에서 마사카도의 처자가 반 마사카도군에게 붙잡힌다. 마사카도는 조정에 스스로의 정당성을 호소했으나 조정은 반 마사카도군에게 마사카도 토벌령을 내린다. 그러나 마사카도는 칙명을 받은 반 마사카도군의 군사들을 철저하게 몰아내어 마사카도의 위세와 명성은 관동지방 전체에 울려 퍼졌다.

그때쯤 조정에 대한 조세를 체납하여 체포령이 내려진 후지와라노 겐메이〔藤原玄明〕가 마사카도에게 비호를 요청하자 마사카도는 겐메이를 숨겨주었고, 939년에 체포령 철회를 국사에게 요구했으나, 국사가 있는 고쿠가에서 마사카도군은 갑자기 공격을 받았다. 마사카도는 어쩔 수 없이 반격하여 고쿠가를 함락시켰고, 결과적으로는 조정에 대해 반기를 들게 되었다.

마사카도는 측근인 간무 천황의 자손 고세왕〔興世王〕의 진언에 따라 같은 해 12월에 관동지방 전체를 수중에 넣어 '신황新皇'을 자칭하며 현재의 이바라키현 반도〔板東〕시에 도읍을 세웠다. 이에 위기감을 느낀 조정은 전국의 모든 백성을 대상으로 마사카도의 목을 벤 사람의 신분을 귀족으로 만들어준다는 취지의 공고를 낸다.

마사카도군은 계속 눈부신 진격을 거듭했다. 그러나 940년에 숙부 다이라노 구니카의 아들, 다이라노 사다모리〔平貞盛〕군과의 전투 중 마사카도는 유시流矢를 맞고 마침내 사망한다. 그 후 마사카도의 목은 헤이안경에 옮겨져 효수형에 처해졌다.

 이 마사카도의 목에 관련해서 지금까지도 영향을 미치고 있는 사건들이 일어났다. 마사카도가 죽은 후 마사카도 분묘 주변에서 천변지이天變地異가 빈번하게 일어났다. 이것을 마사카도의 원망 때문이라고 두려워한 당시의 민중을 진정시키기 위해 집권 호조 도키무네(北條時宗)는 승려 진교眞敎를 시켜 마사카도를 신으로 승격시켰다. 그렇게 해서 마사카도는 1309년에 현재 도쿄에 있는 간다묘진(神田明神)에 신으로 합사되었다.

간다묘진 1309년부터 1873년까지 약 670년간 마사가도를 제신으로 모셨다가 1874년에 메이지 천황의 방문을 계기로 역신이었다는 이유로 부속신사의 제신으로 옮겨졌다. 그러나 1984년에 마사가도는 다시 본 신사 제신으로 복귀했다. 도쿄 치요다구(千代田區)를 지키는 신사.

간다묘진은 전국시대(15세기 중반~16세기 후반)의 무장들이 무운 기원을 위해 참배하는 장소가 되었고 도쿠가와 이에야스도 도요토미 군과의 전투 전에 간다묘진에서 전승기도를 행했다. 이런 연유로 에도시대(1603~1867)에는 무사정권 막부에 의해 한때 다이라노 마사카도를 제신祭神으로 했던 간다묘진은 에도를 지키는 신으로서 중시되었다.

마사카도가 죽은 후에 그에 대한 전설도 많이 생겨났다. 효수형에 처해진 그의 머리는 교토 중앙을 흐르는 강가에 놓였는데 몇 개월이 지나도 마치 자신의 억울함을 호소하는 듯 눈을 부릅뜨고 이를 갈고 있는 것처럼 보였다. 어느 날 어떤 가인歌人이 그 머리를 보면서 시를 읊었더니 머리가 갑자기 웃기 시작했다. 그리고 돌연 땅이 울리며 번개소리가 나고 그의 머리가 "몸을 붙여 일전해야겠다. 내 몸통은 어디 갔나?"라고 말했다고 한다. 그 목소리는 매일 밤이면 울려 퍼졌고 사람들은 공포에 시달렸다. 그러다가 어느 날 머리가 없어졌다. 그리고 자신의 몸통을 찾아 동쪽으로 날아갔다는 소문이 일었다. 그 머리는 에도에 떨어졌고 떨어진 장소는 현재 도쿄 오테마치[大手町]에 있는 마사카도의 수총首塚이라고 전해진다.

도쿄 오테마치는 관청가이다. 주변은 마사카도의 수총을 제외하고는 모두 근대적 고층빌딩 일색이다. 그래서 수총을 다른 곳으로 이전하려는 계획이 몇 번이나 세워졌지만 수총을 제거하기 위해 일을 한 인부가 사고로 목숨을 잃거나 제거작업을 시작하려던 트랙터가 이유도 없이 뒤집어지는 등의 사고가 잇달아 일어나 마사카도의 원망이 아직도 남아 있다고 판단(?)한 도쿄도는 수총을 오

도쿄 오테마치의 마사카도 수총

히려 새로이 꾸미고 옛날 그대로의 자리에 남겨두었다.

　그 외에도 일본에는 억울하게 죽은 사람들의 원령에 관한 이야기가 많고 실제로도 그런 이야기가 살아 있는 사람들에게 많은 영향을 미치고 있는 것처럼 보인다.

천황가와 사무라이

　전술한 바와 같이 사무라이 가운데는 천황의 후손들이 있었다. 사무라이의 2대 집단인 헤이시[平氏]와 겐지[源氏]가 유명한 천황의 후손이다.

헤이시 사람들의 '다이라〔平〕'라는 명칭은 황족의 일원이 신민으로 내려갈 때 천황이 하사하는 성 중 하나였다. 원래의 성은 '다이라노 아손〔平朝臣〕'이다. '다이라' 성을 하사한 천황이 4명이라서 헤이시에는 4개의 유파가 있는데 일반적으로 헤이시라고 할 때는 제50대 간무〔桓武〕천황의 자손을 가리킨다.

825년 이후 '다이라노 아손' 성을 하사받은 간무천황의 자손을 간무 헤이시〔桓武平氏〕라고 한다. 이 간무 헤이시가 무가武家 헤이시로서 알려져 있고 그 중에서도 헤이시 정권을 만든 다이라노 기요모리〔平清盛〕가 유명하다. 간무천황의 어머니는 백제 무령왕의 9대 후손인 다카노 니가사〔高野新笠〕이므로 간무 헤이시에게는 백제의 피가 흐른다. 다이라노 기요모리의 집안을 가리켜 헤이케〔平家〕라고도 부른다.

한편 겐지는 일본에서 으뜸가는 무사단이었다. 1192년에 가마쿠라 막부를 세운 미나모토노 요리토모〔源頼朝〕의 성 전부는 '미나모토노 아손〔源朝臣〕'이 된다. 그러므로 흔히 겐지〔源氏〕라고 불리는 무사단은 '미나모토노 아손〔源朝臣〕'을 줄여서 '미나모토〔源〕'라는 성을 자칭하는 집단이다. 이들은 제

미나모토노 요리토모(1147~1199)의 초상

2. 쇤비와 사무라이의 탄생

56대 세이와(淸和)천황의 후손들이고 세이와 겐지(淸和源氏)라고 불린다.

겐지는 각지의 지방장관인 국사(國司)를 역임하며 전국적으로 세력을 확장해갔다. 중앙에서도 조정을 섬기는 무사단으로 성장하여 무사의 우두머리로서의 지위를 확립해나갔다. 1185년에 헤이시가 멸망한 후, 정이대장군에 임명받아, 이후로 무사정권인 막부를 여는 권위는 세이와 겐지의 자손에게만 허락되는 특권을 가지게 된다.

미나모토노 요리토모가 가마쿠라 막부를 열고 나서 아시카가 다카우지(足利尊氏)가 무로마치(室町) 막부(1336~1573)를 열었다. 아시카가씨는 겐지에서 분가한 겐지의 일족이므로 막부를 열 수 있었다. 그 후 전국시대를 통일한 오다 노부나가나 도요토미 히데요시는 겐지의 자손이 아니므로 정권을 장악한 것이지 막부를 연 것은 아니다.

세 번째이자 마지막 막부정권이었던 도쿠가와(德川) 막부(1603~1867)는 도쿠가와 이에야스가 만들었다. 도쿠가와 일족은 사실상 겐지의 핏줄이 아니었으나 도쿠가와 이에야스가 자신은 겐지의 일족이라고 자칭해 막부를 열 권리를 얻

아시카가 다카우지(1305~1358)의 초상

은 것이다. 그만큼 무사에게 겐지의 핏줄이라는 것은 정통성의 증거였다.

왕도 선비다

일본의 천황과 헤이시나 겐지 등의 사무라이는 혈통적으로 관계가 있었다. 그러므로 무사정권 막부를 여는 조건은 천황가의 친척이라 할 수 있는 겐지의 혈통이어야 한다는 것이었다. 따라서 사무라이는 역사적으로 천황가와 싸우는 경우는 있었지만 천황가를 폐지시키거나 전멸시키려고 하지는 않았다. 그러나 무사정권 성립(1192) 이래, 천황의 권력은 점점 약해져 막부의 감시 대상이 되었다. 그것이 에도시대 말(1867)까지의 천황과 사무라이의 관계였다. 그러므로 사무라이 시대에 대외적으로 일본을 대표하는 사람은 천황이 아니라 막부의 장군이었다.

무로마치 막부의 3대 장군 아시카가 요시미쓰〔足利義滿〕는 명나라, 조선과 차례로 수교(1403년과 1404년)를 했을 때 자신을 '일본국왕'이라 칭했다. 에도 막부(도쿠가와 막부)의 역대 장군들도 대외적으로 '일본국왕' 또는 '일본대군'으로 칭하여 일본의 대표자임을 내세웠다.

반면, 조선의 선비와 왕과의 관계는 혈연 관계가 아니다. 선비는 관직을 가지면 왕을 보좌하는 입장이 되지만 성리학적 세계관에서 볼 때 왕이 잘못했다고 판단되면 왕에게 충언하는 것이 선비의 역할이기도 했다.

2. 선비와 사무라이의 탄생

　에도시대 이후, 일본에선 장군이나 주군의 잘못을 지적하여 고치도록 충고할 때는 할복하여 건의서를 올릴 만큼 용기가 필요했다. 그만큼 사무라이는 장군이나 주군의 명을 절대적으로 수용하는 자세를 보였으므로 자유롭게 진언할 권리는 일부 측근에게만 주어진 특권이기도 했다.

　그러나 조선의 선비는 왕이 하늘의 용서를 얻을 수 없을 만큼 하늘과 땅과 백성에게 큰 죄를 지었을 때 하늘을 대신하여 역성혁명을 일으켜 왕이 될 자격이 있는 새 인물을 왕위에 추대할 수 있는 권리가 있었다. 이것이 왕도주의王道主義에 입각한 역성혁명론이다.

　전통사회에서는 천명天命이 다한 왕조를 교체한다는 뜻으로 역성혁명易姓革命이라는 말이 쓰였다. 예를 들어, 조선시대에는 고려에서 조선으로의 이행을 역성혁명으로 설명했다.

　조선시대에는 역성혁명은 아니지만 왕통을 유지하면서 왕을 교체하는 반정反正 사건이 두 차례 있었다. 첫 번째는 1506년 9월에 연산군을 축출한 중종中宗반정이고 두 번째는 1623년 3월 광해군光海君을 축출한 인조仁祖반정이다. '반정'이란 정도正道에 돌아간다[反]는 뜻이다. 연산군을 축출한 중종반정은 연산군의 난정亂政과 패륜에서, 인조반정은 광해군의 영창대군 살해와 인목대비의 폐비에서 그 명분을 찾았다.

　일본에서 무사정권은 세 번 교체되었다. 그런데 일본의 무사정권 교체는 명분론과는 무관한 패권다툼의 결과로써 생긴 정권교체였다. 일본의 정권교체 중, 명분론을 적용시킬 수 있는 사례로는 유신을 들 수 있다. 에도시대에 조선에서 전해진 성리학이 에도 막부의 정통사상이 되었다. 그러므로 개항기(일본에서는 1850년대)에 에

서울시 도봉구 방학동에 위치한 연산군의 묘와 거창군 부인 신씨 묘(위)
경기도 남양주시에 있는 광해군과 문성군 부인 유씨의 묘(아래)

도 막부를 타도하여 천황 중심의 새 체제를 구축해야 한다는 발상은 성리학적 명분론에 입각한 것이었다.

그렇다고 해도 천황가를 없앤다는 본격적인 움직임은 일본 역사 속에서 찾기 어렵다. 무로마치 시대 제3대장군 아시카가 요시미쓰나 전국시대의 영웅 오다 노부나가(織田信長)는 천황 이상으로 자신의 위상을 높이려는 움직임은 보였으나 천황가 폐지라든가 그와 비슷한 조치를 취하지는 못했다.

사무라이와 선비의 성

성姓에 대해 간략히 짚어보자. 이는 성을 중심으로 한 선비와 왕, 사무라이와 천황과의 관계를 알아보기 위해서다.

원래 일본에서의 성이란 천황이 신민에게 하사하는 것이었다. 일본의 황족에게는 원래 성이 없다. 이것을 의외라고 생각하는 독자들이 많을 것이다. 이것은 현재도 마찬가지다.

예를 들면 쇼와(昭和)천황(1926~1989 재위)의 이름은 히로히토(裕仁)이지만 성은 없다. 쇼와는 성이 아니라 연호이고 천황이 사망한 다음에는 연호로 그 천황을 호칭하므로 히로히토는 현재 쇼와천황으로 불린다. 2007년 1월 현재 일본의 천황은 아키히토(明仁)이다. 그가 사망하면 연호 헤이세이(平成 : 1989~)를 따서 헤이세이 천황이라 불릴 것이다. 그러므로 천황 일가에는 호족이 없다. 천황 일가의 혈통관계는 황통보皇統譜라는 특별한 계도에 기록되어 있다. 황통보는 일본 궁내청에 보관되어 있으며 국회의 동의를 얻어 내

각 총리만 볼 수 있다. 황족에서 왕녀가 평민과 결혼할 때는 민적강하民籍降下라는 절차를 거쳐 왕녀의 이름이 왕통보에서 삭제되어 보통 사람의 호적에 올라가게 된다.

그러므로 일본에서의 성은 천황이 신민들에게 하사하고 천황 일가와 신민을 구별하는 역할을 하고 있었다. 그렇다고 천황 외의 모든 사람들이 성을 가졌다는 이야기가 아니다. 고대에는 천황가와 가까운 사람들만 성을 하사받았고 나머지 무명의 백성들은 성이 없었다. 그러므로 당시는 성이 있는 사람 중엔 고위급 관리들이 많았고 그들의 성을 보면 어떤 계통의 사람이고 신분이 어느 정도였는지를 알 수 있었다.

일본인에게는 성과 비슷한 명자〔名字, 苗字〕라는 것이 있다. 현재 일본인의 이름은 명자와 명(名 : 이름)으로 구성되어 있다. 1875년에 정부는 '평민명자필칭의무령平民苗字必稱義務令'을 발포하여 모든 국민이 명자를 가져야 한다고 정했고 그 대신 성을 폐지시켰다.

그러므로 현대의 일본인은 엄밀하게 말하면 성을 갖고 있는 것이 아니라 명자를 갖고 있는 것이다. 성은 이디까지나 천황이 하사하는 것이고 명자는 스스로 지을 수 있는 것이라는 차이가 있다.

역사적으로 볼 때 일본인은 자신의 이름을 여러 차례 바꿀 수 있었다. 예를 들면 임진왜란을 일으킨 도요토미 히데요시는 원래 농민이었으므로 요명(어렸을 때의 이름)을 히요시마루〔日吉丸〕라고 했다. 어린 시절에 그는 명자나 성이 없었다.

그런데 오다 노부나가의 하신이 된 히요시마루는 기노시타〔木下〕라는 명자를 노부나가에게 하사받았고 기노시타 도키치로〔木下藤吉郎〕

도요토미 히데요시(1536~1598)의 초상

라고 개명했다.

　그 후 그의 이름은 기노시타 도키치로에서 하시바 도키치로〔羽柴藤吉郎〕, 그 후 다시 하시바 히데요시〔羽柴秀吉〕로 바뀌었고 천황이 도요토미〔豊臣〕 성을 하사하자 역사상에는 도요토미 히데요시로 기록되었다.

　그러나 그는 하시바〔羽柴〕라는 명자를 버리지 않았기 때문에 그의 정식 이름은 '하시바 도요토미노 아손 히데요시〔羽柴豊臣朝臣秀吉〕' 가 된다. 아손〔朝臣〕이란 조정의 신하라는 뜻이다. 그러므로 천황이 히데요시에게 하사한 성은 '도요토미노 아손' 이다. 보통 때는 하시바라는 명자와 '아손' 이라는 부분을 생략하여 도요토미 히데요시라고 불린다.

　에도시대로 접어들어 명자는 사무라이의 특권이 되었다. 그러므로 명자대도〔苗字帶刀〕, 즉 명자를 갖고 칼을 차고 다니는 권리를 허락받은 사람들이 사무라이였고 사무라이와 같은 신분을 허락받은 상인이나 지주들도 명자대도를 허락받았다. 사무라이가 아닌 일반 서민층, 즉 농민, 기술자, 상인 등은 명자를 갖고 있지 않았다. 이런 사점은 한국과 비슷하다고 할 수 있다.

　그러면 선비의 성은 언제쯤 생겼는가? 그것은 사실상 선비뿐 아니라 한국인 전체와 관련된 문제이다.

　한반도에서는 삼국시대부터 성姓을 쓰기 시작했다. 삼국은 특유의 여러 성들이 있었는데 삼국의 각 왕실의 성인 고(高 : 고구려), 여(餘 : 백제), 김(金 : 신라) 등을 쓰는 사람들이 가장 많았다. 당시는 성을 갖고 있는 사람보다 성이 없는 사람들이 더 많았다. 왕족이나 관리, 학자나 무역 상인 들이 주로 성을 가졌으며, 일반 서민은 성이 없는 경우가 많았다.

고려시대에 접어들어 태조 왕건은 개국 공신과 지방의 호족을 일괄적으로 관리하기 위해 전국의 행정구역을 개편하면서 그들에게 성을 하사했다. 이렇게 하여 이 시기에 한국 성씨의 체계화가 진행되었다.

그러나 11세기 중반쯤까지는 성을 갖지 못한 사람들이 아직 남아 있었다. 그런데 1055년(문종 9)에 성이 없는 사람은 과거시험에 급제할 수 없다는 법을 정해 그 후 많은 일반 서민들도 성을 갖게 되었다. 그러므로 문종 이후에 나타난 인물을 시조로 삼은 성씨가 많다. 즉 선비의 성은 11세기 초에 확립되었다고 볼 수 있다.

조선시대에 접어들어 성은 양민계층까지 보편화되었다. 이 부분이 일본과 다른 점이다. 일본은 근대화가 시작된 시대(1868~1912) 초기만 해도 명자를 갖고 있는 사람들은 사무라이 계급과 일부 지주계급, 대상인 등에 한정되어 있었으나 조선은 양반계급뿐 아니라 양민까지 성을 갖게 되었기 때문이다.

그러나 조선에서 노비와 천민 계급 등은 조선 후기까지도 성을 쓸 수 없었다. 한국에서 누구나 성과 본을 가질 수 있게 된 것은 1909년에 새 민적법民籍法이 시행되면서부터다.

귀족과 사무라이

헤이안시대(794~1191)의 일본 귀족들은 장원을 통치하면서 그 지역에 사는 백성들을 지배하고 있었다. 귀족들은 일본식 정형시인 와카〔和歌〕를 읊으며, 공차기 등을 즐기면서 호화스러운 대저택(신덴즈쿠리 : 寢殿造)에 살고 있었다.

그들은 대저택 안에 큰 인공연못을 만들어 그곳에 배를 띄워놓고 뱃놀이를 할 수 있을 정도였다. 현재 일본인의 생활로는 상상도 할 수 없을 만큼 사치스러운 생활이 바로 헤이안시대 일본 귀족들의 생활이었다.

반면 무사는 전쟁이 없을 때는 검소한 집에 살면서 무예를 연마하는 한편, 농민을 지도하여 많은 토지를 개간했다. 그렇게 함으로써 농민이 보다 잘 살 수 있도록 노력을 기울였다. 즉 무사는 농민의 직접적인 지도자이기도 했다. 그러므로 호화스러운 생활을 하는 귀족에 비해 검소한 생활을 하면서 직접 농민을 위해 도움을 주는 무사가 농민의 직접적인 지지를 얻는 경우가 많았다. 이처럼 일본의 무사가 무사다운 모습으로 살기 위해서는 농민이라는 아랫사람들과 자신의 무사단을 위해 몸과 마음을 바쳐야 한다는 원칙이 생긴 것이다.

무사는 귀족적인 생활을 기본적으로 증오했다. 그것은 무사다운 모습을 유지하려는 정신에서 나온 의식이기도 하지만 또 다른 이유도 있었다.

고대에서부터 천황이 중심이 되어 형성된 조정귀족들과 무사단이 12세기 이후에는 정권을 둘러싸고 싸움을 되풀이했다. 그 때문에 무사는 자신을 귀족과 구별하기 위해 일부러 필요 이상의 호화생활을 하지 않았던 것이다. 그리고 귀족 흉내를 내며 호화생활에 빠진 무사는 결국 멸망의 길을 가게 되었다.

단노우라 전장터 시모노세키 소재. 1185년, 겐지와 헤이시의 마지막 전쟁터. 여기서 헤이시는 크게 패배하여 겐지가 천하를 장악하게 되었다. 다이라노 기요모리의 피를 이어받은 어린 안토쿠(安德)천황도 이때 물속으로 가라앉았다.

헤이시와 겐지의 차이

그러면 선비처럼 사치를 경멸하는 사무라이 정신은 사무라이 정권 발생 당시부터 갖춰져 있었던 것일까? 그렇지는 않았다.

미나모토노 요리토모가 가마쿠라에 막부를 열기 전에 무사의 신분을 상승시켜 사실상 첫 번째 사무라이 정권을 만든 사람은 헤이시[平氏]의 다이라노 기요모리[平淸盛]였다. 기요모리는 여러 전쟁에서 승리하여 그 공로를 인정받아 귀족들의 대열에 끼게 되면서 형성된 정권이다. 그러므로 기요모리 정권은 사무라이의 신분이 귀족으로 바뀐 정권이었다고 할 수 있다.

1167년 기요모리는 천황 바로 아래서 조정 관리들이나 기타 귀족들을 거느리는 다이조〔太政〕 대신의 지위를 얻었다. 다이조 대신이란 현재 한국의 국무총리 같은 지위였다. 기요모리는 자신의 딸을 천황가에 시집보내는 데 성공하여 천황의 외척으로서의 지위를 얻으면서 명실공히 귀족이 되었다.

그러므로 첫 번째 사무라이 정권은 사무라이 정신을 확립시키기도 전에 또 하나의 귀족정권으로 변질되었던 것이다. 그러므로 한때는 오만해진 사무라이 집단 헤이시가 귀족들보다 강한 권세를 구가하기도 했다. 그래서 '헤이시가 아니면 사람도 아니다'라는 말이 생겨날 정도였다.

그러나 오만해진 헤이시의 운명은 그리 오래가지 못했다. 결국 헤이시는 숙적이었던 겐지〔源氏〕와의 전쟁(1185)에서 패배해 멸망해버렸다.

헤이시와 겐지의 전쟁을 그린 《헤이케 모노가타리〔平家物語 : 헤이시 이야기〕》의 첫머리에는 오만해진 헤이시의 행동에서 얻은 교훈이 다음과 같이 묘사되어 있다.

기원정사〔祇園精舍〕* 의 종소리에는 모든 것이 무상無常하다는 울림이 있다. 사라쌍수〔娑羅雙樹〕** 의 꽃 색깔은 성자필쇠盛者必衰*** 의 이치를 나

---

* 석가가 45년간의 교화기간 동안 가장 오래 머문 곳. 석가와 출가한 승려들이 수도할 수 있도록 수달이 건립한 곳.
** 인도 쿠시나가라 성 밖에 있는 사라수. 석가의 병상 사방에 두 그루씩 마주 보고 자라 있었다는 사라수.
*** 무상한 이 세상에서 아무리 큰 영화를 누리던 사람도 언젠가는 반드시 힘을 잃을 때가 있다는 것.

타낸다. 교만해진 사람은 오래가지 않는다. 단지 봄밤의 꿈과 같다. 용맹한 사람도 마침내는 망한다. 바로 바람 앞에 놓인 티끌과 같다.

이리하여 겐지의 우두머리 미나모토노 요리토모〔源賴朝〕가 1192년 동일본에 위치한 가마쿠라에 본격적인 사무라이 정권 가마쿠라 막부를 열었다.

그는 헤이시의 실패를 되풀이하지 않으려고 사무라이 정신을 확립하여 귀족들과 구별하고자 노력했다. 여기서부터 사무라이가 귀족들과 선을 긋고 정권을 따로 형성하는 일본 특유의 지배 방식이 성립되었던 것이다.

선비는 붓으로 싸운다

일본인은 조선에서 이념적 논쟁이 정쟁으로 이어진다는 점을 이해하기 어렵다. 일본의 역사에는 그런 예를 찾기 힘들다. 사무라이는 무력으로 싸워서 승자를 가리는 전쟁을 되풀이했지만 선비는 이념과 명분으로 싸우는 정쟁政爭을 펼쳤다.

조선의 이념논쟁은 처음에는 이理와 기氣에 대한 논리를 중심으로 진행되었다.

16세기 사림士林은 도덕성과 수신修身을 중요하게 여겼다. 그러므로 도덕성과 수신을 실천하기 위해 심성론에 대해 관심을 강하게 나타냈다. 이런 관심 속에서 서경덕徐敬德(1489~1546)은 이기론理氣論에 관해 독특한 주장을 폈다.

서경덕은 이보다 기를 우주의 핵심으로 보고 기일원론氣一元論을 주창했고 불교나 노장사상에 대해서도 수용 자세를 보였다.

이기론이란 하늘에 대한 이해이다. 하늘에 대한 이해는 인간의 심성에 대한 이해와 연결되어 결국에는 좋은 심성을 갖기 위한 방법론으로 이어졌다. 하늘의 모습이 지상의 모든 만물과 인간 모습의 근원이라고 보는 성리학은 이理와 기氣에 대한 논의를 깊어지게 했다.

그러나 철저한 절제로 일관하여 불의와 타협하지 않았던 조식曺植(1501~1572)은 이와 기에 대한 추상적인 논의보다 실천을 중시했다. 서경덕과 조식을 중심으로 한 학풍은 16세기 중반 이후 하나의 중요한 사상적 조류를 형성했다.

한편 조선 중기 중종 때의 문신이었던 이언적李彦迪(1491~1553)은 기보다 이를 중시하는 주리설主理說을 주창했다.

이理와 기氣에 대해서는 복잡한 논리가 있으나 대략 요약하면 다음과 같이 설명할 수 있을 것 같다. 인간을 예로 들어 간단히 요약하면, 이理란 마음이나 정신성을 가리키고 기氣란 육체와 물질을 가리키는 말이다.

이런 흐름 속에서 성리학의 이기론이 조선에 깊이 뿌리를 내리는 데 막대한 영향을 미친 이황李滉(1501~1570)과 이이李珥(1536~1584)가 등장한다. 이황은 이동설理動說이나 이기호발설理氣互發說 등 주리론의 입장에서 주자의 성리학을 심화, 발전시켰다. 이황의 이론은 조선 후기 영남학파의 이론적 토대가 되었다. 그리고 이황은 도덕적 행위의 근거로서 인간의 심성을 중시했다. 한편 이이는 기氣의 역할을 강조했고 현실적이고 개혁적인 학설을 폈다.

이런 독창적인 성리학자들의 노력으로 16세기 중반부터 조선사회에서 성리학에 대한 깊은 이해가 이루어졌으나 학설과 지역에 따라 여러 학파가 생기기 시작했다. 서경덕학파와 이황학파, 조식학파가 먼저 형성되었고 이어서 이이학파와 성혼成渾(1535~1598)학파가 형성되었다.

성혼은 이황의 이기호발설理氣互發說을 지지하여 이이의 기발이승일도설氣發理乘一途說을 비판했으나 후에 그의 학파는 이이학파와 함께 서인西人을 형성한다. 이이는 성혼의 학문을 평가하면서, "분명 의리에서는 내 쪽이 훌륭하지만 실천에서는 내가 성혼에 미치지 못한다"고 했을 만큼 성혼은 실천을 중시하는 선비였다.

이렇게 형성된 학파들을 중심으로 사림들이 중앙에 많이 진출하게 된 시기가 선조宣祖(1567~1608 재위) 때였다. 이들은 명종明宗(1545~1567 재위) 때 윤원형尹元衡(?~1565)의 척신戚臣정치가 초래한 정치적, 사회적, 경제적 폐단을 시정하고 선비의 통치 이념을 구현하고자 했지만, 구세력을 대표하는 심의겸沈義謙(1535~1587)을 중심으로 한 사림들과 소장관인의 대표적인 인물인 김효원金孝元(1532~1590)을 중심으로 한 사림들 사이에 의견대립이 일어났다.

그 결과 1575년 경에 심의겸을 지지하던 사림들이 서인西人으로, 김효원을 지지하던 사림들이 동인東

이황의 초상

人으로 불리게 되었다. 결국 서경덕, 이황, 조식 등의 학파는 동인을 형성했고, 이이, 성혼의 학파가 서인을 형성하게 되었다.

일본에서는 이때가 100년 이상 지속된 전국시대가 마지막 장에 접어들다가 오다 노부나가에 의한 일본의 통일이 눈앞에 다가오고 있을 무렵이었다. 일본에선 힘이 강한 자만이 주도권을 장악하는 약육강식의 세계가 전개되고 있었던 것이다.

조선에서 그 후 동인은 정여립鄭汝立(1546~1589) 역모사건 등을 계기로 서인세력에 밀려 급격히 약화되어, 이황학파의 남인南人과 서경덕학파와 조식학파의 북인北人으로 분화되었다.

이이의 초상

광해군(1608~1623 재위)때 북인은 임진왜란으로 인한 피해를 회복시키기 위해 각종 공납貢納과 잡역雜役을 전세화田稅化한다는 내용을 골자로 하는 대동법大同法을 시행하는 등, 적극적인 개혁정책을 추진했으나 서인과 남인이 이에 크게 반발했다.

그 후에 인조반정으로 서인이 정국을 주도하게 되자, 서경덕과 조식의 사상, 양명학陽明學, 노장사상 등을 중심적 이념으로 삼던 북인은 배척당했다. 그 결과 남인의 사상적 시조인 이황과 서인의 사상적 시조인 이이와 성혼의 학풍이 조선 사상계에서 큰 영향을 행사하게 됐다. 즉 성리학만을 존중한 학파들의 학풍이 조선 사상계를 주도하는 학풍으로 살아남은 것이다. 조선이 성리학 이외의 학문을 이단으로 간주한 배경에는 정파 간 정쟁의 결과 살아남은 정파들의 기반인 학파(이황, 이이, 성혼 계)가 성리학만을 신봉했기 때문이다.

이후, 서인과 남인은 명에 대한 의리 명분론을 내세워 반청정책을 추진했고 그 결과 병자호란을 초래했다. 이후 격렬한 주화·척화 논의를 거쳐 인조 말엽쯤부터 송시열宋時烈(1607~1689) 등 서인 사림이 정국을 주도하면서 척화론과 의리명분론이 조선 정계의 중심적 이념이 되어갔다.

이처럼 정계에 진출한 선비에 의해 이념 논쟁이 정파 정쟁으로 변질되었으며 이런 폐단으로 인해 관직에 진출하지 않으려는 선비가 많이 등장했고 선비라고 하면 관직에 진출하지 않는 유학자를 뜻하게 되기도 했다. 결국 조선에서는 학파가 정파의 기반이 되어 학파가 정파에 이념을 제공한다는 정학일체政學一體가 큰 특징이었다고 할 수 있다.

사무라이는 칼로 겨룬다

선비의 싸움은 이념과 명분론의 대립에서 비롯한 정쟁이지만, 사무라이의 싸움은 힘 대 힘의 전쟁이며 패권 싸움이다. 그러므로 패권 싸움의 원리는 선비의 이념·명분론 정쟁보다 훨씬 단순하다고 할 수 있다.

에도시대(1603~1867) 전까지의 전국시대는 힘이 있는 자가 힘이 없는 자를 침략하는 것이 당연시되었다. 손자병법에서는 이기는 것이 선이고 지는 것이 악이다. 그러므로 약육강식의 법칙이 바로 전국시대 사무라이의 법칙이었다. 전국시대 사무라이에게 명분은 단 한 가지뿐이었는데 약한 영주를 타도해도 된다는 강자의 논리였다. 그것은 힘 있는 자가 백성들을 잘 통치하고 지역을 발전시킬 수 있다는 의미였다. 이런 논리에 입각한 사무라이의 패권싸움은 다음과 같이 진행되었다. 그것을 에도시대 말까지 개관해보기로 하겠다.

미나모토노 요리토모〔源賴朝〕를 동량으로 하는 겐지〔源氏〕가 1192년 가마쿠라에 막부를 세운 후 오랫동안 조정과 사무라이 정권은 대립 혹은 긴장관계에 놓였다. 가마쿠라시대에는 당시 도읍지였던 교토와 가까운 서일본에 조정의 지배권이 남아 있었고, 동일본은 사무라이 정권인 가마쿠라 막부가 지배하게 되었다.

가마쿠라 막부는 서일본에 대한 조정 지배를 완전히 없애버리려고 수호守護라는 지방장을 각 지방에 보내 서일본까지 지배하려 했다. 그때까지 지방장은 조정에서 보낸 국사國司가 맡고 있었는데, 막부의 이러한 조치로 말미암아 서일본은 조정이 보낸 국사와 막부가 보낸 수호의 이중 지배가 되었다.

가마쿠라 막부는 조정의 권력을 흡수하려는 전략을 세웠다. 반대로 조정에서도 막부 지배를 약화시켜 다시 조정의 일본 지배를

부활시키려는 황족이 나타나기도 했다. 1221년 5월, 아들에게 천황 자리를 양위하여 상황上皇이 된 고토바상황[後鳥羽上皇]이 가마쿠라 막부를 타도하라는 명령을 전국의 사무라이에게 내렸다. 그는 아직 조정의 권위가 통용되어 많은 사무라이가 자신을 따를 것이라고 착각하고 있었다. 그런데 상황 편에 선 사무라이는 극히 소수에 그쳤고 동일본의 사무라이를 중심으로 가마쿠라 막부 편에 선 사무라이가 대거 상황이 살고 있는 교토를 공격하자 조정군은 어이없이 패배하고 말았다. 상황을 비롯하여 상황 편에 가담한 귀족들은 모두 유배되었고 막부에 맞선 사무라이는 처형되었다.

그 후로도 1333년 고다이고[後醍醐]천황이 재정문제 등으로 약해진 가마쿠라 막부를 타도하려는 계획을 세웠다. 이때는 약해진 가마쿠라 막부에는 장래가 없다고 판단한 사무라이가 대거 천황 편에 섰다. 그래서 가마쿠라 막부는 멸망했고, 천황이 겐무의 신정[建武新政]이라 불리는 천황정치를 일시적으로 부활시켰다.

그러나 당시 천황의 승리란 결국 사무라이의 힘에 의해 이루어진 것이었다. 겐지의 일족인 아시카가씨의 아시카가 다카우지[足利尊氏]를 비롯한 많은 사무라이가 천황의 권위를 빌려 가마쿠라 막부를 타도했다. 그 후 천황정치는 2년으로 막을 내리고 말았는데 갑작스럽게 부활된 귀족 중심의 정치에 사무라이의 불만이 고조되었기 때문이다.

이렇게 하여 아시카가 다카우지가 교토에 새로운 막부인 무로마치[室町]막부(1336~1573)를 세웠다. 다카우지는 고다이고천황 대신에 새로운 천황을 즉위시켜[北朝]놓고, 교토 남쪽의 요시노[吉野]로

도주한 고다이고천황의 남조南朝와 대립시켰다.

즉 1192년 가마쿠라 막부라는 사무라이 정권이 세워진 이래 조정은 사무라이의 원호가 없으면 단독으로 정권을 잡을 수 없을 만큼 힘이 쇠약해진 상태였다. 이처럼 역대 사무라이 정권은 조정의 세력이 강화되지 않게끔 조정을 철저히 감시했다. 이후 사무라이는 조정을 감시하면서도 필요할 때에는 조정의 권위를 빌리는 형식으로 사무라이 정권을 유지시켰다. 조정이나 천황의 이름은 적대 세력을 타도하여 새로운 권력을 세울 때의 대의명분으로 이용되었다.

15세기 중반에 무로마치 막부의 힘이 약해지자 일본은 유력한 사무라이 집단이 할거하며 싸우는 전국시대로 돌입했다. 전국에서 힘이 있는 자가 전국영주〔다이묘(大名)〕가 되었고, 막부를 대신할 수 있는 새로운 중심 권력을 창출하기 위해 약 120년(1467~1590) 동안 줄곧 전쟁을 했다.

이 전국시대의 종지부를 찍고 일본을 통일한 첫 번째 실력자가 오와리〔尾張 : 현 아이치현(愛知縣)〕의 오다 노부나가였다. 그런데 오다 노부나가는 지금까지의 사무라이와는 달리 천황의 힘을 빌려 권력을 잡으려 하지 않았다. 오히려 노부나가는 천황이 갖고 있는 마지막 권리마저 빼앗아 천황의 권위를 완전히 부정하려고 했다. 천황의 마지막 권리란 교토의 어소(御所 : 천황이 거주하는 집)에 거주하는 권리와 일본의 표준달력을 작성하는 권리였다. 특히 윤달이 있는 해에 어느 달을 윤달로 정할 것인가 하는 결정권은 전적으로 천황이 갖고 있는 권리였다. 그러나 노부나가는 천황을 자신의 성城에 살도록 명령했고 달력의 윤달을 자신이 결정하겠다고 천황에게 통고했다. 이것은 천황의 권위 자체를 완전히 붕괴시키고 노부나가를 중심으로 한, 새로운 질서를 수립하려는 그의 야심찬 계획에서 나온 행동이었다.

그뿐 아니라 노부나가는 토지를 매개로 한 은혜와 봉공奉公으로 이루어진 다이묘와 사무라이 사이의 봉건적 계약관계를 부정했다. 즉 전국의 다이묘는 그들의 영지를 떠나 노부나가가 세운 아즈치〔安土〕성 주변에 살아야 한다고 명령했다. 이 명령은 그때까지의 일본의 주종관계 질서를 무너뜨린다는 점에서 대단히 획기적인 내용을 갖고 있었다. 노부나가는 이러한 개혁을 통해 천황의 권위와 사무라이의 무력을 빼앗아 자신을 중심으로 한 새로운 일본질서의 확립하고자 했다. 그런 면에서 노부나가는 조정을 철저히 무시한 세력이었다. 당시 노부나가는 조정과 사무라이 양쪽으로부터 공격을 받을 만큼 위험한 결단을 내렸던 것이다.

그러한 과격한 노부나가의 개혁 의지에 반대하고 나선 사람이 그가 가장 신뢰하고 있던 가신 아케치 미쓰히데〔明智光秀〕였다. 그는 봉건제의 붕괴와 조정의 권위 부정에 대해 반감을 갖고 있었고, 조정은 그를 지지하고 있었다. 말하자면 미쓰히데는 천황파와 수구파를 대변하는 역할을 한 셈이다.

노부나가가 천황의 마지막 권리를 대신하고 영주들이 아즈치성 주변에 살아야 한다는 명령이 내려진지 얼마 지나지 않아, 미쓰히데는 혼노사에서 노부나가를 암살하는 데 성공한다.

미쓰히데의 노부나가 암살에 즈음하여 조정은 즉각 미쓰히데를 새로운 지도자로 지지하는 성명을 냈다. 그러나 미쓰히데 일파는 얼마 안 가서 노부나가의 측근 도요토미 히데요시군에 패배하여 조정과 수구파의 책략은 실패로 돌아가고 말았다. 이것이 '아케치 미쓰히데의 3일 천하'라고 불리는 사건이다.

역사에서 가정이 있을 리 없지만, 만약 오다 노부나가가 천하통일에 성공했더라면 조정 자체가 하나의 지방영주로 추락했을 가능성도 있다. 그 경우 일본의 역사는 크게 바뀌었을 것이다.

노부나가의 후계자가 되어 일본 전국을 통일한 히데요시는 조정을 노부나가처럼 적으로 간주하지 않고 그들에게 이름뿐인 권위를 인정했다. 그는 조정과 싸우고 싶지 않았던 것이다. 그리고 히데요시에게도 전국의 다이묘는 언제 반기를 들지도 모르는 잠재적인 적대 세력이었다.

노부나가는 다이묘의 반란을 막기 위해 성 가까이에 전국의 모든 다이묘를 모여 살게 했지만 그것이 원인이 되어 살해당했다. 그의 전철을 밟지 않기 위해 히데요시는 그 방법을 취하지 않고, 먼저 농민으로부터 모든 무기를 몰수하라는 명령을 내렸다. 이것이 히데요시의 칼 사냥이라고 불리는 정책이었는데 농민이 전쟁 시에는 무사로 변신하는 것을 막기 위한 하나의 방법이었다.

그런 다음 그는 조선과 명나라를 정복하겠다는 과대망상에 사로잡히기 시작했다. 그 이유 중 하나가 각지의 사무라이를 한반도로 보내 싸우게 해서 각 다이묘의 힘을 약화시키는 데 있었다. 이리하여 그는 조선을 침략하는 임진왜란을 일으킨다. 히데요시는 자신의 정권을 유지하기 위해 천황가에는 회유책을 쓰면서 다이묘에게는 그 힘을 축소시키는 방책을 강구했던 것이다.

그 후, 이에야스가 도요토미 편의 사무라이와 싸워서 승리해 도쿠가와 1603년에 에도에 막부를 세웠다. 이 도쿠가와 막부(에도 막

부)에도 조정과 각지의 유력한 다이묘는 잠재적인 적이었다. 그러므로 도쿠가와 막부는 교토쇼시다이〔京都所司代〕를 두고 조정과 서일본 다이묘를 감시시켰다. 그러므로 에도시대(1603~1867)의 천황은 장군은 임명하되 실권이 전혀 없는 존재가 되었다.

그리고 각 다이묘가 힘을 키우지 못하도록 막부는 3년에 1년은 각 다이묘를 에도에 살게 했다. 즉 노부나가가 실시하려 했던 정책을 도쿠가와 막부는 부분적으로 실현시켰던 것이다. 또한 도쿠가와 막부는 쇄국정책을 취해 기독교 포교를 금지시킴과 동시에 각 다이묘가 대외무역을 통해 부강해지는 길을 막았다.

즉 도쿠가와 막부로서도 정권을 위협하는 세력으로 형성될 가능성이 있는 조정과 각지의 다이묘를 봉쇄하는 것이 통치의 최우선 과제였다.

한편 막부의 반대 세력들은 조정과 협력하여 막부를 타도하려는 전략을 항상 염두에 두었다. 도쿠가와 막부는 조선에서 전래된 성리학을 정통사상으로 삼았다.

그런데 19세기 중반에 접어들어 미국의 페리가 우라가〔浦賀〕에 입항하여 도쿠가와 막부에게 개항을 요구했다. 막부는 이에 굴복하여 1852년 미일 통상수호조약을 체결했고 이것을 시작으로 서양 열강들과 잇달아 불평등조약을 맺고 말았다.

이에 조슈〔長州〕번〔현 야마구치현(山口縣)〕, 사쓰마〔薩摩〕번〔현 가고시마현(鹿兒島縣)〕 등 서일본의 번〔藩 : 에도시대 다이묘의 영지〕들이 강력히 반발하고 나섰다. 그들은 서양을 물리치고 천황을 추대하여 막부를 타도하려는 계획(존왕양이, 막부 타도)을 세웠다. 이것이 바로 '메이지유신'의 시작이었다.

1867년 천황에게 정권을 돌려준다는 명분(왕정복고王政復古) 아래 도쿠가와 막부는 멸망했고, 조슈번과 사쓰마번을 중심으로 한 메이지정부가 1868년에 수립되었다.

그 이후 일본 근대사는 귀족인 천황가를 사무라이 사회 속에 흡수시키는 역사로 움직인다. 메이지정부는 천황을 절대자로 만드는 작업을 통해 반대 세력을 봉쇄하고자 했다. 사무라이가 만든 메이지정부의 성격은 사무라이 정권적 성격이었으나 그들은 천황의 권위를 최대한 이용하려는 전략을 취했다. 즉 천황을 살아 있는 신으로 만들어놓고, 실제로는 천황을 배후에서 조정하여 일본을 통치하고자 했던 것이다. 그렇게 우상으로 만들어진 천황은 국민들로서는 감히 침범할 수 없는 신성한 복종의 대상이 되었다.

여기까지 1192년에 막부가 처음 탄생하여 700년간의 사무라이의 패권싸움을 개관했다. 임진왜란 때 조선에서 전래된 성리학의 영향으로 에도시대 말기, 미토〔水戶〕〔현재의 이바라키(茨城) 현청 소재지〕를 중심으로 막부 타도 내지 개혁의 명분론이 대두되었다. 그러므로 유신은 그 이전 사무라이의 패권 싸움만으로 설명할 수 없는 명분론의 성격을 함께 띠고 있다.

유교와 손자병법

유교는 공자에 의해 춘추시대 말기에 시작되었고 전란을 수습하기 위해 인仁의 필요성을 설했다. 한편 손자병법孫子兵法은 유교보다 100년 이상 앞서 춘추시대 중국에서 태어난 사상이다. 손자병법은 춘추시대의 전란을 이겨내 적국을 침략하는 방법을 가르치고 있어 유교의 가르침과 대조적이다.

중국에서 같은 춘추시대에 태어난 두 사상이 매우 대조적인 성격을 띠고 있는 것이다. 유교와 손자병법은 둘 다 한반도와 일본에 전래되었다. 그 후 고려시대에 한반도에 성리학이 전래돼 국교나 다름없는 사상이 되었다.

일본에는 8세기 말에《손자병법》이 전래되었는데 중국보다 일본에서 더욱 꽃을 피운 게 아닐까 할 정도로 일본 사무라이의 중요 지침서가 되었다. 사무라이의 시대가 700년이나 지속된 일본으로서는 싸우는 법을 우선적으로 배워야 했기 때문이다.

헤이안시대(794~1191) 후기에 미나모토노 요시이에〔源義家〕라는 유명한 사무라이가 있었다. 1087년 가을, 요시이에는 3년간 계속되는 전쟁에서 3천 명쯤 되는 기병을 이끌고 전쟁터에 나갔다. 적군과 싸우려고 진군하던 중에 어느 초원을 통과하기 직전이었다. 전방에 기러기가 갑자기 하늘로 날아올랐다. 요시이에는 잠시 말을 세우고 가만히 하늘을 바라보고 있었는데, 그의 뇌리에 손자병법의 한 구절이 떠올랐다.《손자》〈행군〉편에는 '초원에서 새가 날아오르는 이유는 복병이 숨어 있기 때문이다'라고 씌어 있다. 요시이에는 '틀림없이 복병이 숨어 있을 것이다'라고 판단하고 병사들을 나누어 초원을 수색하게 했다. 그리고 병사들은 숨어서 기다리고 있던 적병 수십 명을 발견하여 그들을 전멸시킨다.

이런 식으로《손자병법》은 전쟁을 이기기 위한 노하우를 가르쳐주는 과학적인 저작인 것이다.

'적을 알고 나를 알면 백전百戰 해도 위태롭지 않다.'

이 말은 손자병법에서 가장 유명한 구절이다. 《손자》〈모공謀攻〉 편에 나오는 이 명언은 다음과 같이 이어진다.

> 상대방을 알고 나를 알면 백 번 싸워도 위태롭지 않다. 상대방을 모르고 나만 알면 한번은 이기고 한번은 패배한다. 상대방도 모르고 나도 모르면 매번 싸움마다 반드시 위험에 빠질 것이다.

그만큼 손자는 전쟁에서 적군의 정보를 중시한 것이다. 일본의 전국시대(15세기 중반~16세기 중반)에 유명한 사무라이로서 다케다 신겐(武田信玄)을 빼놓을 수 없는데, 그는 오다 노부나가 이상으로 뛰어난 정치가이자 전략가였다. 신겐은 손자병법을 가장 잘 활용한 사무라이이다.

신겐은 정보수집을 중시하여 '미쓰모노(三ツ者)'라고 불리는 간첩조직을 써서 정보 수집이나 첩보 활동을 했다. 그리고 고아로 남겨진 소녀들을 모아 닌자(忍者 : 간첩 활동, 특수 군사 활동 등을 수행하는 비밀부대)로 훈련시켜 표면적으로는 '무당'으로 전국에 배치하여 첩보활동을 시켰다. 다케다 신겐이 항상 전쟁에 승리한 이유는 비밀 조직을 동원한 정보 수집 능력 때문이었다. 다케다 신겐은 가이(甲斐 : 현 야마나시현(山梨縣))에 근거지를 두고 있으면서도 일본 각지의 정보를 잘 알고 있었으므로 사람들이 그가 일본 전국을 돌아다닌 것으로 알고 있었다. 그러므로 그는 '다리 긴 스님(신겐은 스님이기도 했다)'이라는 별명을 갖고 있었다.

일본의 많은 병법 유파들은 이런 손자의 가르침을 기본적 사고방식으로 수용했다. 닌자(忍者)로 유명한 이가류(伊賀流), 고가류(甲賀

流]의 병법을 비롯하여 수많은 일본의 병법은 손자병법을 원천으로 하고 자신의 독자적인 병법을 추가해서 만들었다.
  손자는 '싸우지 않고 이기는 것이 최상의 전술'이라고 했다. 《손자》〈모공謀攻〉편에는 이렇게 기록되어 있다.

> 백번 싸워 백번 모두 이기는 것은 최상의 용병술이 아니다. 적과 싸우지 않고 적의 군대를 굴복시키는 것이 최상의 용병술이다.

 몹시 성격이 급하고 가차 없이 적을 멸망시킨 것으로 널리 알려진 오다 노부나가는 천하통일 직전까지 일본전국을 평정해나갔다. 그러나 노부나가의 잘 알려진 과격함과는 달리 노부나가가 취한 전략은 근대의 선진국과 통하는 신중한 전략이었다. 철저히 전쟁준비를 하고 상대의 약점을 연구한 다음, 반드시 이길 수 있게 상대방보다 많은 병사들을 출진시키는 방법을 노부나가는 자주 사용했다. 병사의 수가 적고 무모해 보이는 특공작전은 취하지 않았다. 특히 다케다 신겐과 우에스기 겐신[上杉謙信]을 두려워해서 이들과는 적극적으로 싸우려 들지 않았다. 노부나가가 다케다, 우에스기를 이긴 것은 다케다 신겐과 우에스기 겐신이 사망한 다음에 기량이 떨어진 그들의 아들들과의 전쟁에서였다.
  다케다 신겐의 아들 다케다 가쓰요리[武田勝賴]와의 전쟁에서 노부나가군은 대승리를 거두어 사실상 천하통일을 굳혔다. 이때 노부나가군은 화승총火繩銃을 일본 최초로 대량 사용했다. 칼로 싸우려고 달려오는 다케다군은 노부나가군의 화승총 군 앞에서 참패를 당하지 않을 수 없었다.

우에스기 겐신(1530~1578)의 초상

노부나가가 다케다 신겐 등과 적극적으로 싸우지 않았던 것은 싸우지 않으면서도 이길 수 있는 때를 기다리는 전략이었고, 화승총을 대량으로 사용한 전략은 절대적으로 이기기 위한 필승전략이었다. 노부나가는 손자병법의 다음과 같은 철칙들을 지킨 것이다.

- 승산이 없으면 싸우지 말아야 한다.
- 적이 붕괴하는 것을 기다려라.
- 승병勝兵은 먼저 승리를 확정적인 것으로 만들어놓은 다음에 전쟁에 임하지만 패병은 먼저 전쟁을 시작하고 나서 승리를 모색한다.
- 전쟁에서 잘 싸우는 사람은 이기기 쉬운 적과 전쟁을 하는 사람이다.
- 열의 힘으로 하나를 공격해라.
- 적군을 잘 살피고 전쟁의 위험성이나 용이성, 적군의 위치의 원근 등을 잘 헤아리는 것은 승장이 되는 길이다.

손자는 '준비된 후에 전쟁을 하라'고 강조한다. 《손자》〈작전作

戰〉편에서 손자는 말한다.

군대를 운용하는 일은 공격용 전차 천 대와 보급품을 수송하는 중전차 천 대가 동원되며, 병력 10만 명과 그들을 먹일 군량미를 천 리 먼 거리로 수송해야 한다. 따라서 전후방에 소요되는 경비와 국빈 사절들을 대접할 접대비, 아교 칠과 같은 군수 물자의 수리비, 차량 병기의 공급비 등을 포함하면 하루에 천금 이상의 막대한 경비가 필요하니 이런 것이 준비된 후에야 십만 군사를 동원하여 전쟁을 할 수 있는 것이다.

그러므로 사무라이는 전쟁을 할 경우를 대비해 버틸 수 있는 자금을 마련하기 위해 평소 자신의 영지에서 상업 발전을 도모했다. 그뿐 아니라 세금원인 쌀이 많이 생산될 수 있게 농업 발달에도 힘을 기울였고, 민심을 잡아 놓아야만 전쟁 시에 민중들이 협조해준다는 것을 알고 선정善政을 베풀기도 했다.

다케다 신겐의 본거지인 가이〔甲斐 : 현재 야마나시현(山梨縣)〕는 평야가 적었다. 그래서 신겐은 그대로라면 농사로서의 조세 수입을 기대하기 어려웠으므로 논밭을 많이 개간시켜 농사지을 땅을 넓혀갔다. 강이 범람하여 농지로서 맞지 않았던 토지는 신겐 제방이라 불리는 제방을 쌓아올려서 강의 흐름을 바꿔놓고 개간하기도 했다. 농민은 신겐을 농업의 지도자로서도 존경하고 있었다.

그리고 신겐은 일본 최초의 금화인 기석금碁石金을 주조했다. 가이에는 풍부한 매장량을 자랑하는 금산이 존재하여 서양에서 도래한 굴착 기술이나 정동수법을 적극적으로 도입해서 막대한 양의 금을 캐내어 치수 사업이나 군사비로 충당했다. 그리고 적장 오다 노부나가 등을 적대시하는 세력에 대한 지원 등에 금을 사용하여 외교 면에서도 금을 크게 활용했다.

자신의 영지에 대해 선정을 베푸는 것은 노부나가도 마찬가지였다. 노부나가의 지배 아래 들어 있는 영지에서는 민중이 그를 지지해주어 전쟁을 승리로 이끄는 데 일조했다. 잇따른 전란으로 황폐한 교토 사람들도 엄정한 노부나가의 통치를 환영했다. 노부나가 군의 하급무사가 길을 걸어가는 여성을 희롱하고 있는 것을 본 노부나가가 교토의 치안을 어지럽히는 행위라며 그 자리에서 칼을 빼어 그 하급무사의 목을 베어버렸다는 일화는 유명하다. 노부나가는 아케치 미쓰히데에 의해 살해당했는데 민중 가운데 자신이 지지한 노부나가를 살해한 그를 지지하는 사람은 거의 없었다.

그리고 노부나가는 일부 상인의 독점적 권리를 폐지하여 자유시장을 장려했다. 그는 유통을 발전시킴으로써 경제를 부흥시키려는 목표를 세우는 등, 당시로서는 선견지명이 있는 내정을 실시했다. 노부나가의 영지 내에서의 경제적 발전이 전쟁 준비를 위한 튼튼한 기반이 되었다. 이처럼 손자병법은 전쟁에서만이 아니고, 지도자가 평소 해야 할 행동을 가르치는 지침서이기도 했다.

사무라이의 고유신앙

전쟁의 신 하치만

사무라이의 사상은 주로 손자병법에서 형성되었다. 그런데 사무라이의 사고방식이나 믿음은 여러 종교나 사상이 영향을 미쳤다.

일본인의 종교의식은 신도, 불교, 유교가 혼합된 것이라고 볼 수 있다. 사무라이의 종교의식도 예외가 아니다. 사무라이는 자신의 수양방법으로서 선종을 선호했고, 그와는 별도로 전쟁의 신을 신봉하고 있었다. 그 전쟁의 신을 하치만〔八幡様〕이라고 한다.

1192년에 무사정권을 수립한 미나모토노 요리토모는 겐지의 씨신(氏神 : 우지가미)을 하치만으로 결정했다. 하치만은 이후 일본 사무라이의 전쟁 신이 되었다.

일본에 있는 약 10만 개 신사神社 중 1/3 정도가 이 하치만을 제신으로 하는 하치만 신사이다. 그만큼 일본의 신사에도 사무라이 정권 700년의 영향을 무시할 수 없는 흔적이 남아 있다.

하치만은 제신 3신으로 구성되어 있다. 중심적 제신은 제15대 천황인 오진〔應神〕천황이고 이 제신을 하치만대보살〔八幡大菩薩〕이라고도 한다. 하치만대보살은 불교 이름을 가진 최초의 일본신이다.

고래로부터의 신도神道신앙과 불교신앙이 어우러져 사무라이의 소박한 신앙세계가 만들어졌다. 메이지시대(1868~1912) 초까지 신사와 사원이 같은 부지에 있는 경우가 대부분이었다. 일본의 신은 불교의 부처가 신의 모습을 빌려 나타난 것이라는 본지수적설本地垂迹說로 인해, 신도와 불교는 시대 초까지는 협조 관계에 있었다. 하치만대보살이라는 이름이 지어진 것도 본지수적설의 영향

쓰루오카 하치만궁 가마쿠라 소재. 사무라이의 수호신. 현재도 연중행사가 많아 관광객들이 즐겨 찾는 명소이다.

인 것이다.

  10세기에 세이와 겐지〔清和源氏〕의 씨신이 된 하치만은 미나모토노 요리토모에 의해 가마쿠라에 있는 쓰루오카 하치만궁〔鶴岡八幡宮〕의 제신이 되어 막부의 수호신, 국가진호의 신이 되었다. 겐지 재흥을 결심한 미나모토노 요리토모가 1180년에 가마쿠라에 근거지를 두면서 하치만궁을 가마쿠라에 세운 것이다.

하치만궁의 중심은 규슈 오이타현(大分縣)에 있는 우사(宇佐) 하치만궁이다. 그리고 하치만 신앙의 원류는 한반도에서 왔다는 설이 유력하다. 하치만 3신 중에는 중심신 하치만대보살의 어머니 진구(神功)황후가 있다.

진구황후는 일본의 고문서 《고사기古事記》, 《일본서기日本書紀》에 의하면 고대에 삼한을 토벌했다는 신화의 주인공이다. 물론 이 신화는 사실이 아닌 일화에 불과하다는 것이 일본 역사학계의 통일된 주장이지만 1945년까지는 한반도 침략을 정당화하는 이데올로기로 이용되었다. 하치만이 사무라이의 신이 된 이유는 진구황후가 삼한을 토벌했을 때 실제로는 싸우지 않고 이겼다는 신화에서 비롯된 듯하다.

진구황후의 어머니, 가쓰라기노타카에히메(葛城之高額比賣)는 한반도에서 도래한 사람이라고 815년에 편찬된 《신찬성씨록新撰姓氏錄》은 전하고 있다. 그러므로 그의 아들인 하치만대보살(오진천황)은 한반도의 피를 받은 것이다. 신기하게도 일본 사무라이의 신에는 한반도의 피가 흐르고 있다.

쓰루오카 하치만궁은 가마쿠라라는 도시의 상징적 역할을 하면서 역사적으로 매년 스모대회, 승마대회, 일본 가극 등이 개최되기도 했다.

어령신앙

흔히 일본인은 종교를 갖고 있지 않는 사람이 많다고들 한다. 사실 구체적으로 어느 종교단체에도 소속되지 않은 일본인은 많다. 그러나 이것은 일본인이 신앙심과 거리가 멀다는 이야기가 아니다.

일본인의 소박한 신앙심을 형성하고 있는 요소 중에 어령御靈신앙이라고 불리는 독특한 믿음이 있다. 어령신앙은 특히 사무라이의 심성을 형성했고, 현재까지도 일본인의 마음속 한구석을 차지하고 있는 신앙심이다.

어령신앙이란 사람의 영혼을 무서워하는 신앙이다. 이것은 자연재해와 인재는 원령怨靈에 의해 일어난다고 믿는 데서 비롯된다. 헤이안[平安]시대(794~1191) 중기에 정쟁이 격화되면서 많은 죄 없는 인재들이 정치적 음모에 의해 살해당했다. 그런데 그와 동시에 전염병이 유행하고 자연재해가 빈발했기 때문에 사람들은 죄 없이 살해당한 사람이 원령이 되어 살아 있는 사람들에게 해악을 끼친다고 생각하여 무서워했다.

그러므로 원령, 역신疫神을 진정시키는 어령회御靈會가 빈번하게 실시되었는데 어떤 인간의 원령을 위로하기 위해 그 원령을 신으로서 모시는 신앙이 널리 퍼졌다. 즉 정치 항쟁이라든가 전란, 사고, 자연재해, 전염병 등으로 원한을 남기고 죽은 사람의 영혼이, 자신을 불행하게 만든 상대는 물론이고 직접 관계가 없는 사람들에게도 재해를 기져다준다는 설을 널리 신봉했던 것이다. 그러므로 일본 사람들은 죽은 사람의 원령을 위로해 신으로 승격함으로써 어령으로 만드는 어령신앙을 갖게 되었다.

이러한 어령신앙은 전쟁 시 죽은 적군의 사망자까지도 아군과 동시에 위령하도록 만들었다. 전쟁에서 죽어 원령이 되면 아군, 적군의 구별 없이 재해를 가져온다고 믿었기 때문이다.

원나라가 일본을 두 번에 걸쳐 습격한 사건을 말하는 원구(元寇: 1274년, 1281년)는 태풍 때문에 출정했던 원나라 군대의 대부분이 바다에 침몰해버려 일본의 가마쿠라 막부의 압도적인 승리로 끝났다. 그런데 그 후에 일본에선 원군과의 전투로 죽은 일본 병사뿐 아니라 적군인 원나라 병사까지 함께 위령하는 위령제를 많이 거행했다.

임진왜란을 일으킨 도요토미 히데요시는 조선에서 조선인의 잘린 코들을 보내오면 반드시 죽은 조선인을 위한 위령제를 거행할 것을 명령했다. 이것은 죽은 사람들이 원령이 되어 해악을 끼칠 것을 두려워한 어령신앙에 입각한 행위이다.

일본에서는 사람이 죽으면 모두 부처가 된다는 일반적 믿음이 있는데 이 같은 사고방식도 어령신앙에서 비롯된 것이다.

몽고총　기타큐슈[北九州] 후쿠오카의 시가노 섬[志賀島]에 있다. 1274년, 일본군은 여기서 원나라 병사를 120명가량 참수했다. 그 병사들을 위령하기 위해 만들어진 무덤이다.

이총耳塚 교토시 히가시야마구[東山區] 소재. 조선 침략 시 히데요시의 명령으로 잘린 조선인의 귀, 코를 묻고 조선인을 위령했다.

사무라이는 가마쿠라시대가 되자 어령(御靈 : 고료)이라는 일본 발음과 비슷한 발음인 오랑(五郎 : 고로)이라는 말을 사용해 어령신앙을 오랑신앙이라고도 불렀다. 그러므로 일본 전국에 오랑(일본 발음으로는 고로)이라는 이름을 가진 신사가 많다.

선비와 사무라이의 교육

명분과 의리를 지키며 백성을 교화하고 덕치주의로 백성을 통치한 조선의 교육은 선비 교육이라고 할 수 있다.

조선왕조가 장려한 선비 교육의 근본은 학예일치學藝一致였다. 학예일치란 학문과 예술을 동시에 교육하는 것을 뜻한다. 그러므로 선비 교육이란 성리학의 문헌을 배우면서 성리학이 말하는 이상적 인간이 되는 것을 목표로 삼았을 뿐 아니라 한시를 쓰는 법, 서예 그리고 그림까지 잘 그리는 감수성이 풍부한 인간을 배출하는 데 목적을 둔 교육이었다.

기氣를 우주의 핵심으로 보고 기일원론氣一元論을 주창한 선비 서경덕은 황진이, 박연폭포와 함께 송도삼절松都三絕로 불린 뛰어난 시조시인이기도 했다. 서경덕이 황진이에게 보낸 시조가 특히 유명하다.

> 마음이 어린 후이니 하는 일이 다 어리다
> 만중운산萬重雲山에 어느 님 오리마는
> 지는 잎 부는 바람에 행여 긘가 하노라

풀이 마음이 어리석은 뒤이니 하는 일이 다 어리석다.
첩첩 구름으로 싸인 산중에 어느 임이 올 것인가 마는
떨어지는 잎, 부는 바람에 행여 그 임인가 하노라.

이런 식으로 예술 교육을 받은 조선 선비가 조선통신사의 일원으로 일본에 건너갔을 때 많은 일본인이 한시를 일필一筆 써달라, 자신이 쓴 한시를 고쳐달라는 등, 통신사 일행에게 몰려들 만큼 당시 조선 지식인은 문장 실력까지도 탁월했던 것이다.

일본의 사무라이 교육은 이와 대조적이었다. 사무라이가 사무라이답게 되기 위해 무예를 연마하는 것이 우선 필수였다. 그러므로 스모(일본 씨름)가 장려되었고 말 타기, 활 쏘기, 검도 훈련, 수영 등을 기본적으로 익혔다. 그리고 머리가 비어 있으면 안 된다고 하여 기본적인 유교 교육을 받았다. 사무라이에게 예술적인 교육은 필수가 아니었다. 감수성 교육이라는 측면에서 선비 교육은 상당히 우수한 교육 제도였고 사무라이에게는 그런 부분이 결여되어 있었다.

한국에서는 지금도 많은 학생이 어릴 때 피아노 학원에서 피아노를 배운다. 감수성 교육의 일환이라 할 수 있다. 그러나 일본에서는 어렸을 때부터 피아노를 배우는 아이들은 그리 많지 않다.

반대로 체력 훈련이라는 측면에서 볼 때 조선에서는 선비를 위한 특별한 교육 제도가 없었지만 일본의 사무라이에게는 무예를 연마하는 교육이 일반화되어 있었다. 물론 조선에서도 무관의 과거 시험에는 무예가 필수였다. 조선에서 무예는 대중화되어 있지 않고 무관을 목표로 한 사람에게만 필수였던 것이다.

조선 왕은 선비와 마찬가지로 선비 교육을 받았고, 이에 더해 제왕학까지 배웠다. 그 결과 18세기에는 학문적 능력을 겸비한 왕이 많이 나타나기도 했다. 조선에선 왕에게도 선비일 것을 요구했던 것이다.

일본의 사무라이 사회에서 최고 권력자는 정이대장군征夷大將軍이었다. 일본에서도 장군에 대한 교육이 있었다. 그렇다고 그 교육은 장군을 선비로 만드는 성리학을 중심으로 한 학예 교육이 아니었다. 오히려 사무라이로서의 자질을 향상시키기 위해 검술劍術, 유술柔術(유도의 전신), 권법拳法, 봉술棒術, 창술槍術, 마술馬術, 궁술弓術, 수영법 등을 배웠다. 무칠분서삼분武七分書三分이라고 불리는 장군에 대한 제왕학은 무예를 70퍼센트, 나머지 30퍼센트는 쓰기,

읽기 등의 유학을 중심으로 가르치는 교육이었다.

선비와 사무라이에게는 같은 제왕학이라 해도 그 내용에 커다란 차이가 있었다.

그런데 일본에서는 1192년에 미나모토노 요리토모가 가마쿠라에 무사정권 막부를 수립한 후, 거의 700년간 무사계급이 일본을 통치했다. 그 이전까지는 귀족이 일본을 통치하여 무사는 고용인 정도의 위치였다. 그러나 1180년에 헤이시의 다이라노 기요모리가 다이조〔太政〕대신이 되어 1192년에 본격적인 무사정권이 성립됨에 따라 일본에선 무인이 문관(일본에선 귀족)을 지배하는 현상이 나타나기 시작했다.

무사정권 시대가 시작된 후에 일본에서는 문무양도文武兩道라는 말이 생겼다. 그러나 일본에 양반이라는 말은 없다. 따라서 일본에서 말하는 문무양도란 사무라이에게 필요한 말이었고 사무라이도 무예뿐 아니라 문인처럼 교양을 갖춰야 한다는 뜻이었다.

예를 들면 에도 막부 말기에 활약한 요시다 쇼인〔吉田松陰 : 1830~1859〕의 집안은 7대가 이어진 무예 사범이었다. 그러나 요시다 쇼인은 원래부터 배워온 병학에다 양학洋學, 유학, 국학 등을 접목시켜 고향에서 무사를 가르치는 쇼카손숙〔松下村塾〕이라는 학교의 책임자가 되었다. 그는 후에 에도 막부를 타도하겠다는 '막부타도론'을 주창해 막부 요인 암살 계획까지 세웠다.

요시다 쇼인은 문인처럼 학문을 했고 문무양도의 길을 걸었으나 그의 본질은 문인이 아니라 어디까지나 무인, 사무라이였던 것이다. 조선에선 문관이 무관을 통치했으나 일본에선 무사가 스스로 문인이기도 했고 조정을 비롯한 귀족, 문인을 통치했던 것이다.

이처럼 일본에서는 조선과는 달리 문인과 무인이 따로 있었던 것이 아니라 사무라이라는 개인 속에 무와 문이 동거하고 있었고 무가 문을 지배하고 있었던 것이다. 그러므로 사무라이에게 학문이란 무력을 보완하기 위한 수단이라는 성격을 강하게 띠고 있었다.

일본은 1192년 이후 사무라이가 문인(조정과 귀족)을 지배하는 시대가 되었다. 가마쿠라시대(1192~1333)에는 조정과 막부가 주도권 다툼을 벌이면서 점점 막부의 우세가 굳어진 시대였고, 2년 정도 조정이 다시 권력을 장악한 기간이 있었지만 이후 무로마치시대(1336~1573)를 통해 사무라이 정권의 우위가 확립되었고 그것이 에도시대(1603~1867)까지 이어졌다.

조선의 선비는 성리학의 이상을 현실세계에 실현시키려는 목적을 갖고 있었기 때문에 일본의 사무라이와는 근본적으로 사고방식 자체가 달랐다. 선비의 사고방식은 성리학의 세계관으로 구성되어 있었고 대외적으로는 성리학의 나라와 그렇지 않은 나라를 구별하는 대외인식을 갖고 있었다.

조선은 조선 땅에 성리학의 이상세계를 건설하기 위해 외부에서 이물질만 들어오지 않으면 되었다. 기독교처럼 외부세계에 적극적으로 포교를 한다는 전도 개념은 유교나 성리학에는 들어 있지 않았다. 그러므로 먼저 외부에서 이적이 침입하지 않도록 철저히 문을 잠그고 침략자들을 막아버리면 그만이었다.

그러나 일본은 항상 적을 상정하여 적을 이기기 위해 내부적 결속을 다져가는 성격을 갖고 있다. 이런 선비와 사무라이의 정신세계의 차이가 나라 전체에 미치는 영향은 매우 컸다고 할 수밖에 없다.

2. 선비와 사무라이의 탄생

　이러한 한일 양국의 교육방식의 차이는 지금까지도 그대로 이어지고 있다. 현재의 체육에 대한 교육방침을 살펴보면, 한국은 조선시대를, 일본은 사무라이의 교육방침을 계승했다고 볼 수 있다.
　일본의 중·고등학교에서는 인문계나 실업계를 막론하고 방과 후의 동아리활동을 장려하고 있는 데 비해, 한국의 인문계 중·고등학교에서는 동아리 자체를 찾아보기가 어렵다. 한국에서는 장래의 대입을 위한 경쟁은 초등학교 때부터 시작된다. 일본에서도 소수의 학생은 초등학교 때부터 선행학습 등 미리부터 대입시험 준비를 하지만 한국처럼 일반적으로 모든 학생에게 적용되는 것은 아니다. 일본의 중·고등학교 동아리에는 크게 두 가지가 있는데 그것은 스포츠 동아리와 문화 동아리이다. 이 중에서 스포츠 동아리가 주류를 이룬다.
　예를 들면, 2006년 여름에 개최된 일본의 전국고교야구대회에 출전한 고등학교 수는 4,112개 교였다. 일본의 고등학교 수는 인문계, 실업계를 모두 합해 현재 약 5,400개 교이므로 전국의 고등학교에서 약 76퍼센트가 경식硬式 야구부를 갖고 있고, 전국대회 출전을 꿈꾸면서 지역예선에 임하고 있는 셈이다.
　반면 현재 한국의 고등학교 수는 인문, 실업계 모두 합해 약 2,100개 교이다. 한국의 고교야구대회에는 몇 가지 대회가 있으나 지역예선 없이 전국의 고교 야구부가 출전할 수 있는 봉황기 전국고교야구대회를 예로 들어보자. 이 대회에 출전하는 고교 야구부 숫자는 한국 고교 전체의 경식 야구부 숫자와 거의 일치한다고 볼 수 있다. 2006년에는 57개 교가 출전했다. 약 60개 정도가 한국 전체의 경식 고교 야구부의 숫자이고, 1980년대 이후 거의 변화가 없다는 사실을 전제로 해서 계산하면 전국 고등학교 중에 약 3퍼센트 만이 경식 야구부를 갖고 있다는 얘기가 된다. 숫자로만 보면 일본의 고교 중 경식 야구부를 갖고 있는 고교의 수는 비율로는 한국의 약 25배, 절대수로는 약 70배에 달한다.

그것은 일본의 고교생들은 즐기기 위해 야구를 하는 경우가 상당히 많기 때문이다. 그래서 대회에 참가하는 목표의 수준이 '4강 진출'이라든가 '우승'처럼 거창한 것이 아니라 '한번만 이겨보자'라고 생각한다. 매우 우수한 선수를 빼고 대다수 고교생들은 프로야구 선수가 되는 것을 목표로 삼지 않는다. 대부분 야구가 하고 싶어서 하는 것이다. 일본은 야구가 생활화되어 있는 나라이기도 하지만 그만큼 스포츠가 교육의 일부가 되어 있다.

한국에서는 대학입시 준비가 무엇보다 우선이고, 중·고교에서는 스포츠 동아리활동이나 문화동아리 활동을 아예 하지 않는 것이 보통이다. 설령 스포츠를 한다 해도 일본처럼 '좋아해서', '즐기기 위해서'가 아니라 '스포츠로 인생을 설계하기 위해서' 또는 '스포츠로 출세하기 위해서'인 경우가 한국의 실상이다.

중·고등학교의 체육교육만을 비교해보아도 일본학교는 한국학교보다 훨씬 더 학생들에게 체육을 많이 시킨다. 게다가 일본학생들은 체육시간을 다른 과목보다 월등히 좋아해서 체육이 없는 날은 재미없는 날로 생각하는 경향까지 있다. 초등학교부터 학교에는 반드시 수영장을 설치해야 하고 체육 중에 수영은 필수이다. 그리고 초·중학교에서는 보통 1년에 한번은 마라톤 대회가 있고, 의무적으로 전원이 참가해야 한다. 초등학생은 2킬로미터, 중학생은 5킬로미터 정도를 달린다. 여학생도 예외가 없다. 다만 여학생은 달리는 거리가 조금 짧아질 수 있다.

그 외에도 중·고등학교에서는 체육시간에 체계적으로 거의 모든 종목을 배우게 되어 있다. 높이뛰기, 멀리뛰기, 3단 멀리뛰기, 50미터달리기, 10미터달리기, 400미터경주, 줄넘기, 기계체조 같은 기본 종목은 물론이고, 농구, 배구, 배드민턴, 축구, 소프트볼, 탁구, 테니스, 매트운동, 철봉운동, 스모, 유도, 핸드볼 등 위험하지 않으면서 값 비싼 기구가 필요 없는 종목이라면 거의 다 배운다. 겨울방학에는 스키교실이 열리고 학생들은 의무적으로 참가해야 한다. 일본에서는 예전의 사무라이가 육체단련을 주요 목적으로 삼았던 교육방식이 아직도 생생하게 살아 있는 것이다.

선비와 사무라이는 무엇을 위해 살았나

선비는 중앙에서 벼슬살이를 하는 것을 최종적인 인생목표로 삼았다. 그들은 수기치인修己治人의 훈련을 거쳐 과거 시험에 합격한 다음에 조정에서 벼슬을 받아 사대부士大夫가 되는 것이 인생의 목표였다. 사대부는 학자인 동시에 조정의 관료이기도 했다.

사무라이의 최종 인생 목표는 영지를 얻어 성城을 쌓아 일국일성一國一城의 주인이 되는 것이다. 그러기 위해서는 전쟁터에서 주군을 위해 공로를 세워야 한다. 주군이 신하의 공로를 인정하면 그에게 영지를 하사하게 된다. 이렇게 되면 그 가신은 일국일성의 주인이 된다. 이것이 봉공奉公과 은혜〔御恩〕라는 사무라이의 주종관계의 기본원리이다. 그러므로 사무라이에게 필요한 것은 전쟁터에서 이기는 것이고 적의 영지를 탈취하는 것이었다.

그러나 주군이 은혜로 줄 수 있는 영지가 무한대로 있는 것은 아니었다. 그러므로 다른 영지를 침략하는 것은 사무라이에게 나쁜 행위가 아니었다. 생존을 위한 당연한 행동이었다. 이런 생각은 임진왜란, 정유재란까지의 일본 사무라이의 상식이었다. 조선 침략마저 그들에게는 새로운 영지를 얻어 그것을 가신에게 분배해주는 사무라이의 생존법칙의 표현이었다.

이런 방식은 에도시대로 접어들어 변하지 않을 수 없게 되었다. 도요토미 일가를 타도하여 일본을 통일한 도쿠가와 이에야스는 일본 전국을 각 다이묘에게 분배했기 때문에 이제 가신에게 포상으로 줄 수 있는 땅이 다 없어진 상태였다. 도요토미 히데요시도 같은 상태였지만 그는 임진왜란으로 한반도를 침략하는 것을 통해 새로운 땅을 할양받아 가신들에게 나눠주려 했던 것이다.

히데요시의 전철을 밟지 않으려고 도쿠가와 이에야스는 일본 전국을 각 다이묘에게 분할하여 다이묘와 가신을 계속 같은 영지에서 살도록 만들었다. 그러므로 그 시대의 사무라이는 봉공한 대가로 땅을 받지 못하는 대신 봉급으로 쌀이나 곡식 등을 지급받게 되었다.

제 3 장

선비가 본 일본, 사무라이가 본 조선

아시카가 요시미쓰와 아시카가 요시마사

요시미쓰와 기타야마문화

사무라이는 기본적으로 문화의 창출자가 아니었다. 그러나 그중에서도 예외는 있기 마련이다. 그런 인물 중 대표가 아시카가 요시미쓰와 아시카가 요시마사이다. 특히 아시카가 요시미쓰는 500년간의 고립정책을 종식시켜 명나라와 조선과 정식으로 국교를 맺은 인물이다. 조선은 이 수교를 계기로 조선통신사를 일본에 파견하기 시작했고 일본은 국왕사 등을 조선에 파견하기 시작했다.

사무라이 문화가 문화답게 꽃핀 시대는 조선과 수교(1404)한 무로마치시대(1338~1573)의 전반기였다. 아시카가 다카우지〔足利尊氏〕가 교토에 막부를 열어 그의 손자인 요시미쓰가 교토의 무로마치로 막부를 옮겼기 때문에 이 시대를 무로마치시대라고 한다.

동일본의 가마쿠라에 있던 가마쿠라 막부와 달리 조정이 있는 교토에 막부를 세운 무로마치 막부는 처음부터 귀족적인 성격을 띠고 있었다. 남북조 전란(1335~1392)을 거쳐 새롭게 정통성을 갖게 된 북조는 사무라이 다카우지가 세운 조정인 만큼 조정은 사실상 막부에게 지배당하는 입장이었다. 그러므로 실질적으로 조정을 지배하는 막부의 권력이 막대한 것이었다.

남북조 전란이 1392년에 끝나고 아시카가 3대 장군 아시카가 요시미쓰(足利義滿)는 명나라와 조선과 수교하여 대외무역을 시작했다. 그는 자신을 스스로 '일본국왕' 이라 칭하고 이름을 대외적으로 미나모토노 미치요시(源道義)라고 알렸다. 그것은 요시미쓰가 일본의 왕은 천황이 아니라 자신이라고 대외적으로 선언한 것과 마찬가지였다. 이리하여 천황가를 사실상 지배하는 세력으로서 무로마치 막부는 스스로 귀족이 되는 길을 선택한 것이다.

요시미쓰는 겐지의 핏줄로 정이대장군에 오르는 것과 동시에 천황 아래의 최고 관직인 다이조대신(太政大臣)까지 승진하여 조정에서도 실질적인 권력을 가졌다.

요시미쓰는 교토의 기타야마(北山)에 긴카쿠사(金閣寺 : 금각사)를 비롯한 기타야마산장을 세웠다. 이 긴카쿠사를 중심으로 요시미쓰가 만든 문화를 기타야마문화라고 한다. 현재 긴카쿠사를 제외한 나머지 건물들은 존재하지 않는다. 그러나 긴카쿠사에서 엿볼 수 있는 기타야마문화는 사무라이문화로서 귀족문화를 능가할 만큼 화려한 문화였다.

기타야마문화의 특징은 귀족문화와 사무라이문화의 융합에 있다. 긴카쿠사의 1층은 귀족문화를 대표하는 건축 양식인 침전寢殿건축으로 만들어진 아미타당阿彌陀堂이고, 2층은 침전건축을 간소

교토의 가장 유명한 관광명소로 남은 긴카쿠사(금각사) 1994년에 세계유산으로 지정되었다. 무로마치 막부 제3대 장군 아시카가 요시미쓰가 창출한 기타야마문화의 중심지이다.

화, 실용화한 사무라이의 주택 양식, 3층은 선종의 건축 양식으로 만든 불전佛殿 형태로 이뤄져 있다. 선종은 막부의 보호를 받는 불교였으므로 결국 긴카쿠사의 2/3가 사무라이 문화의 영향을 받아 만들어진 것이다.

그 외에도 기타야마문화로서는 노가쿠〔能樂〕, 수묵화水墨畵, 군기軍記문학, 고잔〔五山〕문학, 렌카〔連歌〕 등이 있다. 노가쿠는 노멘〔能面〕이라는 가면을 쓴 연극이고, 고잔문학이란 선종 스님들의 문학을 가리키며, 렌카는 정형시를 여러 사람이 이어서 길게 만들어 나가는 형식의 시문이다. 긴카쿠사는 이런 문화들의 중심에 위치하고 있다.

명과 조선의 문화에 심취해 있던 요시미쓰에 대해 조정 내에서는 사실 불만이 많았다. 견당사를 폐지(894)해버리고 한반도와 정식 국교도 없는 가운데 약 500년간 일본 조정은 독자적인 소중화주의에 입각한 고립정책을 취해왔다. 그런데 요시미쓰가 명나라와 책봉관계를 맺어 명나라의 신하가 된 것이다. 이에 대해 조정은 기본적으로 불만을 품고 있었으나 요시미쓰의 권위 앞에서 감히 발설하지 못하고 있었다. 막부 말 존왕尊王사상의 바이블이 된 미토번〔水戶藩〕의 아이자와 세이시사이〔會澤正志齋〕의 《신론新論》에서는 요시미쓰에 대해 다음과 같이 비판했다.

> 아시카가 요시미쓰에 이르러서는 명나라에 무릎을 꿇고 신臣이라 칭했다. 안으로는 왕신이 되어, 외부에도 신을 칭함은 인신人臣의 도리가 아니다. (중략) 몸은 천하의 실권을 쥐면서 신臣임을 이방에 칭하여, 이방으로 하여금 천조天朝를 번신藩臣처럼 보게 만들었다. 그리고

고쿠타이〔國體 : 천황중심의 일본 본연의 모습〕를 손상시켰다.

요시미쓰는 남북조의 전란을 종식시켜 교토에 대한 지배권을 강화했고, 서일본의 영주들을 모두 평정한 무로마치시대 가장 강력한 장군이기도 했다.

요시마사와 히가시야마문화

히가시야마문화는 무로마치 막부 제8대 장군인 아시카가 요시마사가 건축한 교토의 히가시야마〔東山〕산장을 중심으로 한 문화를 가리킨다. 히가시야마산장은 긴카쿠사〔銀閣寺 : 은각사〕라고도 불린다.

아시카가 요시마사(이하 요시마사)는 무로마치시대의 전성기를 이루어낸 아시카가 요시미쓰의 손자이다. 그는 6대 장군이었던 아버지 아시카가 요시노리〔足利義敎〕가 암살되고 그 뒤를 이어 7대 장군이 된 형 아시카가 요시카쓰〔足利義勝〕마저 일찍이 병사하여 16세라는 어린 나이에 장군이 된 인물이다.

당시는 농민 폭동이 자주 일어났고 무로마치 막부는 재정 악화가 심해진 시기였다. 폭도들이 막부의 장군 거처에 침입하는 사건까지 일어나는 등 장군가의 권위는 몹시 심각하게 실추된 상태였다. 이런 혼란스러운 상황에서도 요시마사는 정치를 피해 풍류나 미를 추구하는 문화 생활에 몰두했다.

당초 요시마사는 할아버지 요시미쓰나 아버지 요시노리의 정책을 부활시키려고 시도하고 여러 내분에 적극적으로 개입했다. 그러나 자신의 유모 오이마〔おぐ〕의 세력을 비롯하여 막부의 집사 및 본부인인 히노 도미코〔日野富子〕의 친정 등, 측근들이 대거 정치

에 개입하고 있어서 요시마사의 장군으로서의 실권은 없는 것과 마찬가지인 상태가 된다. 무엇 하나 요시마사의 뜻대로 진행되는 것이 없었으므로 요시마사는 점차 정치에 관심을 잃어갔다.

요시마사와 도미코의 사이에 사내아이가 태어났지만 어려서 죽어버린다. 그러자 도미코는 아이의 요절이 유모 오이마가 저주한 탓이라며 그녀를 유배시킨다. 이 사건으로 요시마사를 둘러싼 하나의 세력이 제거되고 이후 도미코의 세력과 장군 측근의 권세가 강화되었다.

요시마사 시대에는 기근이나 재해가 잇따랐다. 특히 1461년에 일어난 대기근은 교토에 큰 피해를 초래했다. 교토 중앙을 흐르는 가모〔賀茂〕강의 흐름이 시체들에 의해 물길이 멈출 정도로 아사자들이 많았다. 이런 상황에서 더욱 정치에 대한 의욕을 상실한 요시마사는 저택 조영 등의 토목 사업이나 음주가무에 빠져 지내다 1464년에는 은거를 결정하기에 이른다.

그리고 도미코가 더 이상 아이를 낳지 못했기 때문에 친동생 요시미〔義視〕를 양자로 삼아 차기 장군으로 정한다. 그런데 1465년 뜻밖에 도미코가 남자아이 요시히사〔義尙〕를 낳자, 그녀는 요시히사를 장군에 올리려고 정권의 실력자인 야마나 소젠〔山名宗全〕에게 협력을 요청했다. 한편 요시미는 정권의 또 다른 실력자 호소카와 가쓰모토〔細川勝元〕와 손을 잡는다. 이렇게 해서 무로마치 막부의 상속자 계승문제가 일어나는데 장군 요시마사는 어느 쪽에도 장군직을 양보하지 않은 채, 문화적인 취미에만 몰두하고 계속 우유부단하게 행동했다. 이에 막부 중진들의 후계자 문제까지 일어나 1467년에 11년간 교토를 황폐화시키고 100여 년간 이어진 전국시대를 촉발시킨 오닌〔應仁〕의 난이 발생한다. 전란은 전국 규모로 커져간다.

그러나 요시마사는 전란에 대처하지도 않고 주연이나 렌가〔連歌〕 모임 개최만을 일삼다가 거처를 옮긴다. 그는 무로마치 막부의 장군저택인 '꽃 궁전'에서 별장인 오가와 저택으로 옮겨 가, 장군 후계자 문제로 사이가 나빠진 도미코와 별거를 시작한다. 1473년에 서군의 야마나 소젠, 동군의 호소카와 가츠모토 양쪽이 모두 사망하게 되고 이것을 계기로 요시마사는 그해 12월에 장군직을 장남 요시히사에게 양위하고 정식으로 은거한다.

그 이후로도 도미코와의 사이는 좋지 않았고, 1475년에 '꽃 궁

긴카쿠사(은각사) 교토시 사쿄구〔左京區〕 소재. 무로마치 막부 제8대 장군 아시카가 요시마사가 만들어낸 히가시야마문화의 중심지. 1994년, 세계유산으로 지정되었다.

전'이 오닌의 난으로 불에 타버려, 도미코와 아들 요시히사가 자신이 거처하는 오가와 저택으로 이사해오자, 요시마사는 도망치듯이 또 하나의 별장인 히가시야마[東山]로 거처를 옮겼다. 1477년에 오닌의 난은 끝났지만 이 무렵부터 아들 요시히사와 의견대립이 일어나고, 도미코와도 더욱 사이가 나빠지자 요시마사는 숨어 살기 시작한다.

요시마사는 히가시야마[東山]산장에 틀어박혀 '미美'를 추구하는 일에만 열중했다. 그 결과 미에 대한 예리한 감각으로 '유한有閑한 정취, 조용하고 은근한 정취', '깊고 오묘한 정취'를 특징으로 하는 히가시야마문화[東山文化]가 탄생한다.

요시마사는 정치보다는 예술가적 재능을 지니고 태어난 인물이었다고도 평가된다. 그가 정치를 버리고 자신이 하고 싶고 좋아하는 것만을 추구하다 보니 어느 사이 하나의 문화를 꽃피워낸 것이다. 그 시대에는 정치적으로 무능한 장군이었고 일본 전국을 혼란에 빠뜨린 장본인이라는 혹평을 받았던 요시마사는 예술과 문화의 역사에서는 일본사에 큰 족적을 남긴 인물이 되었다.

히가시야마문화의 특징은 기타야마문화처럼 사무라이, 귀족, 선종 등의 문화를 융합시킨 데 있다. 그러나 기타야마문화와 비교하면 귀족적 요소보다 사무라이적이고 선종적인 요소를 많이 발견할 수 있는 문화이다. 이 시대에 다도茶道, 화도華道, 정원, 서원 건축 등, 현재까지 이어지는 다양한 일본문화가 태어났다.

히가시야마문화의 미의식을 유현幽玄, 와비[侘], 사비[寂] 등으로 표현하기도 한다. 유현이란 그윽한 문화를 표현한 말이고 와비는 '간소하고도 차분한 정취', 사비는 '낡고 오래된 것에서 발견되는

미의식'을 뜻한다. 이 같은 문화를 창출한 선도자가 사무라이의 우두머리인 장군이었던 것이다.

1485년 5월에는 요시히사의 측근과 요시마사의 측근이 무력 충돌하는 사건이 일어나는 등 요시마사와 요시히사의 대립은 격화해간다. 그래서 요시마사는 삭발하고 출가해서 정무로부터 완전히 떠날 것을 결심한다.

그런데 요시히사가 1489년에 호족토벌에 나가 전사해버린다. 요시마사는 부득이 정무에 복귀하려 하지만 도미코가 반대하고 나선다. 요시마사 자신도 중풍으로 쓰러져 정무를 맡기 어려운 형편이었다. 결국 그는 동생 요시미의 장남 요시키(義材)를 양자로 맞이하여 제10대 장군에 지명한다.

그 다음 해 요시마사는 한창 건축 중이던 긴카쿠사(은각사)의 완공을 보지 못한 채 세상을 떠났다. 세상은 군웅할거의 전국시대로 접어들고 있었다.

이황과 성혼, 일본 학풍의 원류가 되다

조선 선비에 대해 말할 때 이황李滉(1501~1570)을 빼놓을 수 없다. 한편 성혼(1535~1598)도 이황과 비슷한 시기인 조선 중기 학자이다.

이 장에서 먼저 이황과 성혼을 거론하는 이유는 두 사람의 학풍이 일본 성리학의 기초를 만들었기 때문이다. 그들의 학문은 성혼의 문인 강항을 통해 일본에 전해졌다. 이황은 주리론主理論을 주장한 학자이고 성혼은 이황의 주리론과 이이의 주기론主氣論을 종합해 절충파의 비조鼻祖가 된 학자이다.

임진왜란 이후, 일본에서 가장 많이 인쇄되어 사랑받은 성리학의 서적은 이황의 저작이었다. 그러나 일본학자들의 절충적인 학풍은 성혼의 학풍을 받아들인 결과이기도 하다.

이황은 12세 때 숙부 이우李堣로부터《논어論語》를 배웠고, 14세 무렵부터는 혼자 독서하기를 즐겼으며 특히 도연명陶淵明(365~427)의 시를 사랑하고 그 사람됨을 존경했다.

그는 1523년에 성균관에 입학했다. 그러나 그는 20세 무렵 유학 공부에 몰두하다 건강을 해쳐 그 후로 평생 병마에 시달렸다. 1527년 27세 때 진사시에 합격하여 진사가 되었고, 이듬해 성균관 사마시에 급제했다.

이황은 34세(1534)에 문과에 급제하여 승문원承文院 부정자(副正字 : 전적典籍·문장의 교정을 담당하던 정자正字를 보좌하는 역할)가 되면서 벼슬길에 오른다. 그 후 39세에 홍문관 수찬이 되어 곧 사가독서賜暇讀書에 임명된다.

그러나 을사사화乙巳士禍(1545) 후에는 건강을 이유로 모든 벼슬에서 물러나, 46세가 되던 해 고향인 낙동강 상류 토계兎溪에서 자연을 벗 삼아 학문에 매진하는 생활로 들어간다. 이때 토계를 퇴계退溪라 부르고 자신의 아호로 삼았다.

토계의 서쪽에 한서암寒捿庵을 짓고 구도 생활에 들어간 그는 그 후로도 여러 차례 조정의 부름을 받았으나 이에 응하지 않았다. 45세 이후에 이황이 벼슬을 사양한 일은 스무 차례가 넘는다. 1560년 60세가 된 이황은 도산서당陶山書堂을 짓고 이후 7년간 이 서당에서

소수서원과 그 현판 경상북도 영주시 소재. 세종대에 설립된 것으로 추정된다. 이황이 풍기군수로 부임한 뒤 서원의 보급이 시급하다고 주장하면서 백운동서원에 대한 사액賜額과 국가의 지원을 요청했다. 이에 따라 1550년에 '소수서원紹修書院'이라는 현판과 유교·성리학 관련서적을 하사받았으며 서원이 국가의 지원 아래 보급되는 계기가 되었다.

후학 양성에 심혈을 기울였다.

명종明宗(1545~1567 재위)과 선조宣祖(1567~1608 재위)는 이황을 매우 존경했다. 두 왕은 그에게 여러 차례 출사를 종용하며 벼슬에 임명했지만 번번이 거절한다. 69세에는 이조판서에 임명되었으나 사양하고 영구히 낙향했다. 그리고 그는 70세가 되던 해 11월 단정히 앉은 자세로 죽음을 맞이했다. 선조는 이황이 역책(易簀 : 학덕이 높은 사람의 죽음)했다고 하여 사흘간 그를 애도했다. 이황은 이처럼 선비가 관직을 사양하고 자연에 묻혀 학문에 몰두하며 살아가는 모습을 스스로 구현한 학자이다.

성혼은 이황이 벼슬길에 들어선 무렵에 태어났다. 성혼의 아버지는 조광조의 문인인 수침守琛이다. 11세 때 을사사화를 겪은 정세

성혼이 살았던 파주 우계의 모습 개울둑 너머에 우계서원이 있다.

가 회복되기 어렵다고 깨달은 아버지를 따라 파주 우계로 옮겨 살았다.

그 후 그는 이이와 도의의 벗이 되었고 이황과도 교류했다. 그는 1584년에 이이가 죽자 서인의 영수가 되었다. 하지만 성혼은 당파를 초월해서 행동했다. 예를 들어 동인의 최영경崔永慶이 원사寃死할 위험에 처했을 때 정철鄭澈에게 구원해줄 것을 청하는 서간을 보내기도 했다. 그가 당파에 구애받지 않은 이유는 절충파의 학문적 토대의 영향이라고 할 수 있다.

성혼에 의해 조선의 성리학은 주리(이황), 주기(이이), 절충(성혼)이라는 3파로 나뉘었다. 이것으로 조선의 성리학은 중국을 뛰어넘는 독특한 사상 체계를 형성하게 된 것이다.

이황은 이언적李彦迪의 주리설主理說을 계승했다. 그는 주자朱子

의 주장을 따라 우주의 현상을 이理, 기氣의 이원二元으로 설명했다. 이황에 의하면 이와 기는 서로 다르면서 동시에 상호의존 관계에 있으므로 이는 기를 움직이게 하는 근본 법칙을 의미하고 기는 형질을 갖춘 존재로서 이의 법칙을 따라 구상화具象化되는 것이라고 하여 이기이원론理氣二元論을 주장했다. 그러나 이를 보다 근원적인 것으로 보고 주자의 이기이원론理氣二元論을 발전시켰다.

이황의 핵심 사상은 이기호발설理氣互發說이었다. 즉 이가 발하여 기가 이에 따르는 것은 사단四端이며, 기가 발하여 이가 기를 타는 것은 칠정七情이라고 주장했다.

사단이란 인간의 본성에 입각한 선천적이고 도덕적인 능력을 가리킨다. 구체적으로 사단이란, 남을 불쌍히 여기는 마음〔惻隱之心 : 측은지심〕, 불의不義를 부끄러워하고 미워하는 마음〔羞惡之心 : 수오지심〕, 양보하는 마음〔辭讓之心 : 사양지심〕, 잘잘못을 가리는 마음〔是非之心 : 시비지심〕 등, 네 가지 감정을 가리킨다.

이에 대해 칠정이란 인간의 본성이 사물을 접할 때 나오는 감정 자체를 가리킨다. 구체적으로 칠정이란 기쁨〔喜〕, 노여움〔怒〕, 슬픔〔哀〕, 즐거움〔樂〕, 사랑〔愛〕, 미움〔惡〕, 욕망〔欲〕 일곱 가지 감정을 말한다.

주자성리학의 이기론을 받아들인 조선조 유학자들은 심성론心性論에 관심이 많았다. 조선에서는 사단과 칠정의 발생 과정을 이기론으로 해석하려는 학구적 열정이 강하여 대규모 논쟁이 벌어졌다.

먼저 이황李滉과 기대승奇大升 사이에서 논쟁이 벌어졌다. 사단칠정四端七情을 주제로 한 이황과 기대승의 8년에 걸친 논쟁은 사칠분

도산서원 경상북도 안동시 소재. 제자들이 이황의 학문과 덕행을 기리기 위해 1574년 창건했다.

이기여부론四七分理氣與否論의 발단이 되었다. 이황은 인간의 순수이성純粹理性이 절대선絶對善이며 이에 따라가는 것을 최고의 덕德으로 보았다.

이황의 이기호발설理氣互發說이란 사단과 칠정을 각각 이발理發과 기발氣發로 나누어 설명하는 이론이다. 이황은 이와 기의 관계가 밀접해서 서로 분리될 수 없는 것이라고 해도, 사단은 마음속에 있는 본연지성本然之性에 유래하는 반면, 칠정은 기질지성氣質之性에 유래한다고 주장한다. 그러므로 사단은 이에 유래하고 칠정은 기에 유래하기 때문에 각각을 이지발理之發과 기지발氣之發로 나누어 설명할 수 있다고 했다. 나아가 이황은 사단은 이가 발하여 기가 따른다〔理發氣隨〕고 하고 칠정은 기가 발하여 이가 탄다〔氣發理乘〕는 견해를 정립했다. 이것이 이황의 이기호발설이다.

이황의 학풍은 후에 그의 문하생인 유성룡柳成龍, 김성일金誠一, 정구鄭逑 등이 계승했고 영남학파嶺南學派를 이루어, 이이李珥의 제자들로 이루어진 기호학파畿湖學派와 대립했다. 동서 당쟁은 이 두 학파의 대립과도 관련이 깊었다.

한편, 이기일발설理氣一發說로 체계화된 성혼의 성리학은 다음과 같이 형성되었다. 성혼은 1572년 이이와 아홉 차례에 걸쳐 서한을 교환하면서 소위 제2차 사칠이기설四七理氣說 논쟁을 벌였다. 이 제2차 논쟁의 초점은 사단이 속하는 곳은 이인가 혹은 기인가 하는 것과 이가 감정을 발할 수 있는가 하는 두 가지였다.

성혼은 이황을 스스로 자신의 스승으로 삼으면서도 이황의 이기호발설에는 의문을 가졌다. 그러면서도 성혼은 《중용》의 서序에서 주자가 말한 '인심人心은 형기形氣의 사私에서 발하고, 도심道心은 성명性命의 정正에서 발한다'라는 구절을 발견하고 "이황의 학설이 틀렸다고 할 수 없지 않은가"라고 이이에게 묻기도 했다.

이이는 이황의 이기이원론을 비판하고 '기발氣發'만을 인정하는 입장이었다. 이이는 본연지성과 기질지성, 천리天理와 인욕人欲 등을 엄격히 구분하지 못한다고 주장했다.

이에 대해 성혼은 이황의 설을 옹호하는 입장에서 이황과 이이의 견해를 절충하여 독자적인 이기설을 제시했다. 그는 이황의 이기호발설을 새롭게 해석하여 이와 기는 시간적으로 선후가 없이 동시에 공존하므로 같이 발한다는 '이기일발설'을 제시했다. 결과적으로 성혼은 이황과 이이를 종합했다.

이 점이 매우 중요한 이유는 성혼의 제자 강항을 통해 일본에 전래된 성리학은 주로 이황의 성리학이었지만 강항의 일본 제자들은 이이의 학설도 절충해서 받아들였다는 사실이다. 즉 일본에 전래된 성리학의 학풍은 바로 성혼이 주장한 절충파의 학풍이었다.

그러므로 일본에서는 절충이라는 개념이 발달되었다. 일본 유학자들의 학풍에 절충적 자세가 두드러지는 경향은 그들이 수용한 조선 성리학의 학풍과 무관하지 않다.

1592년에 일어난 임진왜란으로 많은 이황의 저작들이 일본에 반출된다. 일본군에 의해 약탈당한 것이다. 그러나 아이러니하게도 그의 저작들은 일본인을 교화시키는 중요한 역할을 한다. 도쿠가와 이에야스와 그 후손이 대대로 장군을 맡은 에도시대(1603~1867)에 그의 저작물 11종 46권 45책이 일본각판으로 복간되어 일본 근세 유학의 기초를 만들기에 이른다. 특히 이황은 조선을 짓밟은 원수의 나라 일본에서 에도시대라는 평화 시대를 창출한 사상적 원류가 되어 일본의 유학자들에게 신처럼 숭앙받았다.

한편 성혼은 임진왜란이 일어나자, 이천에 머무르던 광해군의 부름을 받아 검찰사檢察使에 임명되어 개성유수 이정형李廷馨과 함께 활동했다. 그런데 1594년 명나라가 명군을 전면 철군시키면서 일본과의 강화講和를 강력히 요구했을 때 성혼은 명나라의 의견을 수용할 것을 선조에게 건의했다. 그리고 군사적 대치 상태를 풀고 일본과 좋은 관계로 전화할 것을 건의한 이정암李廷馣을 옹호했다. 이로 인해 성혼은 일본과 끝까지 싸울 결심을 갖고 있던 선조의 미움을 샀다.

이에 그는 나이 많은 관원이 사직을 원하는 걸해소乞骸疏를 왕에게 올리고 그 길로 1595년 2월 낙향한다. 1597년 정유재란이 일어나자, 윤방尹昉, 정사조鄭士朝 등이 성혼에게 상경해서 예궐할 것을 권했으나 죄인으로 문책을 기다리는 몸이라 하여 사양했다. 성혼은 사후 1633년에 복관사제復官賜祭되었다.

이황은 생애 대부분을 학문에 매진하여 조선 성리학을 대성시켰다. 그리고 벼슬을 사양하면서 후학을 양성하는 일에 힘을 쏟았다. 한편 성혼은 학문을 실천에 옮기는 것을 신념으로 삼은 문인이었다. 그래서 성혼은 임금에게 수차례 시무책을 올리면서까지 선비의 입장에서 조선의 정사를 올바르게 끌어가려고 했다. 그 결과 임금의 미움을 사고 불명예스럽게 퇴장해야 했다. 그러나 그의 제자 강항은 일본에 조선 성리학을 전래한 제1인자가 되었다. 일본의 사무라이를 교화시킨 사상적 원류인 이황과 성혼의 생애가 우리에게 시사하는 바가 크다.

손자병법의 명장 다케다 신겐

손자병법을 숙지하고 정치적으로도 뛰어났던 사무라이 다케다 신겐(武田信玄 : 1521~1573)은 운만 따라주었다면 전국시대를 종식시킬 수 있는 큰 그릇을 가진 무장이었다. 전국시대의 사무라이라고 할 때 일본인은 오다 노부나가, 도요토미 히데요시, 도쿠가와 이에야스 다음에 다케다 신겐을 떠올린다.

다케다 가문은 '미나모토노 요리토모(源賴朝)'를 선조로 하는 '가이 겐지(甲斐源氏)'라고 불리는 명가의 집안이었다. 전국시대 초기의 가이 지역에는 그 외에도 많은 세력들이 난립하고 있었다.

그런 가이(甲斐)를 압도적인 무력으로 제압해나가 가이 지역을 통합한 인물은 신겐의 아버지 다케다 노부토라(武田信虎)였다. 그러나 노부토라는 무력을 강화하는 데 힘을 기울일 뿐, 민중을 돌아보는 사람이 아니었으므로 민중들은 중과세나 임시 징수세 등으로 몹시 힘들어했다. 가신이 충고를 해도 받아들이지 않았고 심지어는 '한가할 때면 농민을 죽이는 놀이를 하고 있다'는 소문까지 나돌 정도였다.

그리고 노부토라는 아들 신겐에 대해서도 혹평을 했다. 신겐은 집안에 박혀 책을 읽을 때가 많았는데, 그것을 보면서 노부토라는 "저런 연약하기 짝이 없는 녀석에게 어떻게 나라를 맡기겠어!"라면서 가독권(家督權)을 상속해주지 않겠다고 공개적으로 말했다. 그래서 결국 다케다가의 가신들은 노부토라를 추방하려는 쿠데타를 계획하여 실행에 옮겼다.

노부토라가 다른 지방에 나가 있을 기회를 노려, 신겐을 맹주로 추대하고 노부토라의 추방을 선언한 것이다. 그리고 노부토라가 돌아오지 못하게 국경을 봉쇄해버렸다. 이렇게 해서 신겐은 다케다가의 가독을 계승하게 되었다.

신겐은 아버지와는 전혀 달라서 정치를 중시하고 유통을 정비했다. 그리고 '신겐 제방'이라고 불리는 치수작업을 추진하여 새로운 논을 개척하고 성시城市 건설을 정력적으로 실시했다.

군대에 있어서도 '고슈〔甲州〕법도'라는 군의 규율을 제정하여 기마대를 중심으로 하여 병력을 강력하게 정비해나갔다. 신겐은 개혁을 추진하면서 이렇게 말한다.

> 사람은 성이고 사람은 돌담이고 사람은 수로이다. 정情은 아군이고, 원수는 우리의 적이다(인심을 잡는 일이야말로 나라를 지키는 성이 되고 돌담이 되며 나라를 윤택하게 만드는 수로가 되는 일이다. 정은 사람을 아군으로 만들지만 원수가 늘어나면 나라는 망한다).

그 후, 신겐은 가이〔甲斐〕의 북쪽 시나노〔信濃 : 현 나가노현(長野縣)〕의 땅을 제압하러 나선다. 그러나 시나노에 세력을 펴고 있던 유력자들은 군세를 정비해 다케다군에 내힘함으로써 다케다군은 전쟁에서 연패한다. 되풀이된 이때의 패전이 신겐에게 많은 교훈을 주었다. 결과적으로 다케다군은 시나노의 각 세력을 대부분 평정한다.

시나노의 영주 중 한 사람인 무라카미 요시키요〔村上義淸〕는 에치고〔越後 : 현 니가타현(新潟縣)〕의 명장 우에스기 겐신〔上杉謙信〕에게 "다케다에 나라를 빼앗겼습니다. 제발 도와주십시오"라고 도움을 청한다.

그리하여 다케다 신겐과 우에스기 겐신의 몇 차례에 걸친 명승부가 거듭된다. 다케다군과 우에스기군은 '가와나카 섬〔川中島〕'에서 다섯 차례나 싸웠다.

이 '가와나카 섬 전투'는 전국시대의 전투 중에서 특히 유명한 전투이며, 네 번째 전투 규모가 가장 컸다. 가와나카 섬의 네 번째 전투는 1561년에 있었다. 이때 다케다군은 약 2만, 우에스기군은 약 1만 3천 명이었다. 이 전투에서 우에스기 겐신은 평지에 진을 치지 않고 산 위에 진을 친다.

그리고 양군 모두 움직이지 않고 한동안 계속 서로 노려보기만 하고 있었다. 이에 다케다군의 야마모토 간스케〔山本勘助〕는 군사를 두 부대로 나누어 한 부대가 우에스기군의 후방을 덮치면 이에 쫓겨 산을 내려오는 우에스기 군을 평지에서 협격한다는 제안을 냈다.

신겐과 측근들은 그 제안을 받아들여 실행에 옮기기 시작한다. 그런데 우에스기 겐신은 다케다군의 진지에서 평상시보다 많은 밥을 짓는 연기가 피어오르는 것을 보고 다케다 군이 움직이기 시작했다고 간파했다.

그날 밤 다케다군의 야마모토 간스케는 별동부대를 지휘하여 우에스기군을 배후에서 공격하려고 우에스기군이 포진하고 있는 산에 소리 없이 다가갔다. 한편 다케다군의 본부대는 부대를 날개처럼 펼치는 '학익진'의 태세를 취하고 우에스기군을 기다리고 있었다.

야마모토 간스케의 별동부대가 우에스기군의 진에 다가갔을 때 거기에는 마치 사람이 있는 것처럼 보이게 한 화톳불뿐이고 텅 비

가와나카 섬 전투도 현재의 나가노시 가와나카 섬에서 1553년에서 1564년까지 다케다군과 우에스기군 간에 전투가 다섯 차례 있었다. 그중 가장 격렬했던 네 번째 전투(1561)를 그린 그림.

어 있었다. 다케다군에 모종의 움직임이 있다는 것을 간파한 우에스기군은 이미 산을 내려와 평지에 포진해버린 것이다.

우에스기군은 겐신이 고안한 부대를 원상으로 배치한 진을 만들고 기다리고 있었다. 이 전법은 원상으로 배치된 부대들이 회전하면서 싸우는 방식인데, 피폐한 부대는 차례로 후방으로 빠지고 새로운 부대가 앞으로 나가는 전법이다. 적이 협격으로 몰고 들어왔다 해도 후방에서도 상황에 대처할 수 있는 진이었다.

그러나 포진을 끝낸 양군의 전투는 예상치 않은 형태로 막이 열렸다. 그날 아침, 주위에 안개가 자욱해서 한치 앞도 보이지 않던 것이 아침 해가 뜨면서 갑자기 개인 것이다. 안개가 개이면서 너무 갑자기 눈앞에 적군이 드러났기 때문에 양군 모두 잠시 동안 통솔할 수 없는 혼란 상태에 빠졌다. 그 후 전투는 일진일퇴가 계속되었는데 병력을 둘로 나눈 다케다군이 서서히 불리해졌다. 학익진의 우측 날개에 해당하는 부대가 무너지고 다케다군은 한때 궁지에 몰렸다.

그러나 잠시 후 야마모토 간스케가 이끈 협격을 위한 별동부대가 우에스기군의 복병들을 물리치고 간신히 전장에 도착하여 우에스기군을 배후에서 덮치기 시작했다. 이때부터 전황이 완전히 바뀌어 다케다군이 유리해졌다.

뒤에서 공격을 받은 우에스기군은 군 전체가 조금씩 앞으로 나아가게 되었다. 한편 밀리는 다케다군은 신겐이 있는 본진 가까이까지 공격당하고 있었다. 그런데 엎치락뒤치락 하는 상황 속에서 대장인 다케다 신겐과 우에스기 겐신은 우연히 마주치게 되고 대장끼리의 일대일 대결이 벌어진다. 다케다 가문의 전쟁 이야기를 기록한 《고요군함〔甲陽軍艦〕》에는 대장끼리의 대결이 다음과 같이 기록되어 있다.

협격에 의해 군이 붕괴하기 시작했으므로 우에스기 겐신은 스스로 말을 타고 전장을 향해 달리면서 퇴각을 외치고 있었다. 그때 사자의 투구를 쓰고 황금 갑옷을 입은 채 의자에 앉아 철로 만든 군사용 부채를 들고 있는 신겐의 모습과 마주쳤다. 그러자 겐신은 말을 탄 채 그대로 달려가 칼을 뽑아 신겐을 베려고 했다. 갑자기 당한 일이라 신겐은 칼을 뽑을 틈이 없었다. 그래서 군사용 부채로 칼을 막았지만 제대로 막지 못하고 어깨에 상처를 입었다. 연이어 우에스기 겐신은 두 세 차례 칼을 내리쳤는데 신겐은 그것을 부채로 막아냈다. 이렇게 두 사람의 전투가 벌어지자 신겐의 수비병이 당황해서 달려와 겐신을 찌르려고 창을 쑥 내밀었다. 그러나 창이 빗나가 말의 엉덩이를 찔렀다. 그러자 말이 울부짖으며 겐신을 태운 채 어딘가로 달려가 버렸다.

이 전투는 결과적으로 우에스기군이 철퇴한 형태였지만 병사나 무장들의 사상자는 다케다군이 두 배 정도 더 많아 진상은 무승부에 가까웠다. 이 전투의 승패와는 상관없이 그 후로 처음 다케다 쪽은 영토를 넓혀가서 최종적으로는 시나노 전역이 다케다 신겐의 지배하에 들어갔다. 결국, 정치적으로나 전술적으로나 다케다 신겐이 우에스기 겐신보다 뛰어났던 것이다.

1572년 다케다 신겐은 장군 아시카가 요시아키〔足利義昭〕로부터 명을 받아 대군을 이끌고 교토로 진군을 시작한다. 전방에는 오다 노부나가, 도쿠가와 이에야스의 군세가 기다리고 있었으나 다케다

군은 도중에 있는 요새나 성을 차례로 함락시키고 '미쓰호가하라〔三方ヶ原〕'라는 곳에 당도하여 습격해온 도쿠가와 군을 일축하고 다음에는 오다 노부나가의 영지에 다가갔다. 그러나 갑자기 신겐의 지병이 악화되었고 게다가 적군의 성을 공략하던 중에 유탄에 맞아 더욱더 상태가 나빠졌다. 1573년 마침내 다케다 신겐은 교토 상경 도중 진중陣中에서 병으로 사망한다. 52세였다.

죽기 전 다케다 신겐은 "3년간은 내 죽음을 비밀로 하라"라고 유언한다. 그러나 비밀리에 가신이 신겐을 위해 독경하고 있는 모습 등이 적군의 닌자들에 의해 감지되고 그의 죽음이 적진에 알려진다.〔일본 영화의 명장 구로사와 아키라(黑澤明) 감독의 작품 '가게무샤(影武者)'에서는 신겐의 유언을 지키려한 가신들이 3년간 가짜 신겐을 대신해 신겐의 죽음을 숨기면서 가이(甲斐)국을 재건하려는 내용이 그려져 있는데, 이 영화는 크게 인기를 얻었다.〕

그 후, 다케다 일족은 신겐의 장남 다케다 가쓰요리〔武田勝頼〕가 가독을 계승했다. 가쓰요리도 뛰어난 무장이었는데 도쿠가와군을 격퇴하고 도쿠가와의 영지를 진공해 그 영지를 점령하는 등, 실력을 발휘했다. 그러나 그는 새 가신들을 중용하고 예전의 다케다 가문의 중신들을 업신여기는 경향이 있었다.

결국 1575년 오다 노부나가군과 다케다 가쓰요리군이 싸운 유명한 '나가시노〔長篠〕전투'가 일어난다. 이 전투에서 오다 노부나가는 화승총 부대를 많이 배치했다. 그리고 화승총 부대 앞에 목책을 쳐서 부대를 앞뒤로 세 줄로 나누고 교대로 연속 발포하는 독자적인 전법을 썼다.

당시의 화승총은 발사할 때까지의 준비가 번거롭고 공격할 때까

나가시노 전투 현 아이치현(愛知縣) 나가시노에서 벌어진 오다군과 다케다군의 전투를 그린 그림. 이 전투로 다케다군이 거의 괴멸되었다.

지 시간이 걸렸다. 그래서 노부나가군은 세 줄 가운데 맨 앞줄이 공격하고 있는 사이에 두 번째와 세 번째 줄의 병사들은 발사 준비를 하고 공격한 사람은 가장 뒷줄로 들어가서 준비를 마친 줄이 차례로 앞에 나와 공격하는 식의 전법을 취했다.

이것은 당시의 화승총을 유효하게 활용하는 데 아주 획기적인 전법이었다. 그러나 이 '세 줄 총진'은 적이 정면에서 돌진해오지 않는 한 무용한 전법이었다. 측면에서 습격당하거나 상대가 돌진해오지 않은 경우에 이 전법은 힘을 발휘하지 못한다. 그래서 다케다가의 구 중신들은 가쓰요리에게 정면 공격을 그냥 미끼로 한 측면 공격이라든가, 일시적으로 후퇴하여 전투 장소를 바꾸자고 진언했다.

그러나 무적의 '다케다 기마대'를 절대적으로 신뢰한 다케다 가쓰요리는 오히려 정면 공격을 주장하는 새 가신들의 진언을 채택하여 측면 공격이라든가 후퇴하는 척하자는 전술을 무시하고 정면에서 돌격하여 노부나가군을 격퇴하겠다고 결정해버린다.

이렇게 되어 노부나가군의 화승총 부대에게 정면에서 돌진해간 '다케다 기마대'는 화승총의 연속발사로 대패를 당하고 만다. 다케다의 뛰어난 병사들과 무장들의 대부분이 이 전투에서 전장의 이슬로 사라졌다. 다케다 가의 군사력은 이 전투에서 괴멸적인 타격을 받고 1582년 오다, 도쿠가와 연합군의 공격으로 다케다가는 마침내 멸망한다.

다케다 신겐은 신중한 전법을 채택하여 함부로 군대를 움직이지 않았으나 그의 아들 가쓰요리는 승리를 거듭하다보니 오만해졌고, 천하를 건 가장 중요한 전투에서 손자병법의 가르침인 '적을 알고 나를 알면 백전해도 위태롭지 않다'라는 철칙을 지키지 않아 역사의 무대에서 사라져버린 것이다. 다케다의 패배는 사무라이의 정통가문인 겐지의 핏줄이 몰락을 고하는 사건이었다.

오다 노부나가와 도요토미 히데요시

사무라이는 다도와 깊은 관계를 갖고 있었다. 그 이유는 차를 마시는 습관이 가마쿠라 막부가 보호한 선종의 승려에 의해 일본에 전래되었기 때문이다. 특히 막부는 에이사이(榮西)가 포교한 임재종을 보호했다. 에이사이는 일본 다도의 시조로 불리는 스님이다.

무로마치시대의 사무라이는 단순한 다도의 다과회가 아니라 도박성을 지닌 다도인 '투차鬪茶'를 즐겼다.

가마쿠라시대(1192~1333) 초기에 에이사이가 전한 차의 씨는 기타큐슈(北九州)를 거쳐 교토의 도가노(梅尾)에 심어졌다. 그래서 도가노에서 생산되는 차를 '본차本茶'라고 했다. 그런데 가마쿠라 후기에는 차밭의 보급이 지방으로 확대되면서 차의 산지가 많이 생겼다. 이에 따라 산지가 다른 차를 비교하면서 어느 것이 '본차'인지를 맛과 향으로 맞추는 것이 초기 투차의 기본이 되었다.

초기 투차는 교토의 도가노산 엽차(달인 차)를 '본차'로 하고, 그 외의 산지의 차를 '비차非茶'라고 하여, 다과회에서 본차 한잔과 복수의 비차를 앞에 두고 본차를 가려내는 형식을 취했다. 사무라이의 다도는 이처럼 놀이 문화에서 시작된 것이다.

서원차

　이런 투차 모임은 무로마치 중기의 '히가시야마(東山)문화' 시대가 되어 오늘날의 다과회처럼 고요하고 형식적인 모임이 되어갔다. 그 이유는 사원寺院 건축이었던 서원書院건축이 사무라이의 주택으로 보급되었고, 넓은 장소에서 개최되던 다과회가 서원건축 구조의 사무라이 주택의 객실에서 개최되기 시작했기 때문이다. 서원건축이란 실용적인 집안 구조에 서재가 있고, 객실에 도코노마(床の間)라고 불리는 약간 높은 장소를 만들어 거기에 족자, 화병 등을 장식하는 특징을 갖는 건축 양식을 말한다.

　서원건축의 주택에서 실시되는 다과회를 서원차書院茶라고 한다. 서원의 방은 렌가(連歌)나 노(能)뿐 아니라 다양한 문예 예능의 장소로 이용되었다. 그래서 거기서 다과회가 개최된다 해도 전용 다실은 아니었다. 이처럼 무로마치 중기에는 사무라이가 다도를 비롯한 일본문화를 후원하는 세력이 되었다.

　아시카가 요시마사의 히가시야마산장에는 '차노유노마(茶湯の間)'라고 불리는 '차를 달이는 장소'가 그대로 남아 있어, 당시의 풍경을 현재에 전하고 있다.

　이후 일본의 다도는 무라타 주코(村田珠光), 다케노 조(武野紹鷗), 센노 리큐(千利久) 등에 의해 투차라는 유희 형식에서 벗어나 도를 추구하는 예술로 격상되었다. 무라타 주코는 아시카가 요시마사가 가까이에 두었던 예술인으로 다다미 4장 반의 다실을 고안한 것으로 유명하다. 다다미 4장 반이란 3평 정도의 넓이인데 무라타 주코는 좁은 방에서 차를 매개로 한, 주인과 손님의 정신적 교류를 강조했다.

다케노 조는 무라타 주코의 제자로 '와비차'의 정신성을 높였다. 조는 "'와비'라는 말은 옛사람들이 노래로 많이 읊었는데, 진정하게 겸손하고 오만하게 굴지 않는 언행을 '와비'라고 한다"라며, '와비'의 정신성을 강조했다. 원래 '와비'라는 말은 '간소함 속에 발견되는 청명하고 한적한 정취'라는 일종의 미의식을 뜻한다.

이후 다도는 장소나 도구보다 정신성이 중시되었고, 단순한 유흥이나 의식에 지나지 않던 다도가 '와비'라는 정신을 가진 도道로 승화해갔다.

와비차

이런 정신성을 가진 소위 '와비차'와 사무라이는 어떻게 만났을까? 와비차를 본격적으로 정치에 활용하려고 한 사무라이는 오다 노부나가였다.

기나이〔畿內 : 오사카, 교토, 나라를 중심으로 한 관서지방〕를 평정한 노부나가는 '명품 사냥'을 실시해 명물 찻잔을 모았고, 가신이 멋대로 다과회를 열지 못하도록 한때 다과회 개최를 일절 금지시켰다. 그러나 그 후 노부나가는 다이묘에게 다과회를 열도록 허가해주면서 명물 찻잔을 은상恩賞으로 하사하기 시작했다. 공로를 세운 다이묘만이 명물 찻잔과 함께 다과회를 열 수 있게 한 것이다.

그것으로 명물 찻잔은 '일국일성一國一城'과 같은 의미를 갖게 되었다. 다도를 이용한 노부나가의 정치는 '차노유(다도)정도〔御茶湯御政道〕'라고도 일컬어진다.

자치도시였던 오사카의 사카이〔堺〕를 굴복시켜 지배하에 둔 노부

오다 노부나가(1534~1582)의 초상

나가는 자신을 지지해준 사카이의 자치구민을 다과회의 다두茶頭로 기용하기 시작했다. 그들 중에 센노 리큐가 있었고, 그는 노부나가를 섬기게 되었다.

도요토미 히데요시는 1576년경에 노부나가에게서 다과회를 열 수 있는 자격을 하사받았다. 1579년 4월에 센노 리큐가 히데요시에게 받은 둥근 항아리를 다과회 때 사용했다는 기록이 있다. 그 무렵부터 히데요시와 센노 리큐의 관계가 시작되었다고 보인다.

1582년 6월 오다 노부나가는 아케치 미쓰히데(明智光秀)의 모반에 의해 혼노사(本能寺)에서 자결했다. 지방에서 전쟁 중이던 히데요시는 재빨리 회군하여 3일 만에 아케치 미쓰히데를 멸망시킨다. 그 이후로 센노 리큐는 히데요시를 섬기게 되었다.

현존하는 다실 가운데 에도시대 초기부터 센노 리큐의 다실이라고 전해오는, 한쪽 구석에 노(爐)가 있는 다다미 2장 넓이의 다이안(待庵)은 이때쯤에 만들어졌다고 한다. 무라타 주코가 고안한 다다미 4장 반의 다실을 센노 리큐는 다다미 2장으로 더 좁게 만들어, 차를 대접하는 사람과 손님과의 정신적 교류를 보다 더 중시했다. 센노 리큐의 다실로 들어가는 문은 낮게 만들어져 있다. 이것은 다실로 들어가는 사람은 누구나 고개를 숙이고 들어가야 한다는 뜻으로 겸손한 마음과 만민평등 사상을 뜻했다.

1583년 5월, 히데요시의 조회 기록에 '다당茶堂 센노 리큐'라고 나온다. 그 무렵 센노 리큐는 히데요시가 여는 다과회의 주인(다두)이 되었다. 당시 센노 리큐는 62세였다.

한때 센노 리큐의 다도에 심취한 히데요시는 오사카 성을 쌓을 때 성내에 '야마자토마루(山里丸)'라는 장소를 만들고, 거기에 '야마자토의 다다미 방'이라고 불리는 다다미 2장의 다실을 센노 리큐를 위해 특별히 만들어주었다.

일본을 통일한 히데요시는 그 후 관백關白(섭정과 비슷한 자리)이 되어, 마침내 천황의 바로 아래인 다이조대신에 올랐다. 그리고 이 시기부터 히데요시의 오만함은 하늘을 찌를 듯했다.

1585년 10월, 히데요시는 센노 리큐를 수행하여 조정 내 다과회를 연다. 그때 센노 리큐의 오사카 성내의 권세는 그가 아니면 히데요시에게 건의할 사람이 아무도 없을 정도였다.

1587년 9월, 히데요시가 조정과 보다 밀접한 관계를 갖기 위해 교토에 조영 중이던 대저택 주라쿠다이(聚樂第)가 완성되었다. 히데요시는 오사카성에서 주라쿠다이로 옮겨갔고, 센노 리큐도 주라쿠다이 근처에 주택을 마련했다.

그리고 히데요시는 조정과 관계를 가지면서 자신을 '천상의 사람'으로 착각하기 시작했다. 그래서 센노 리큐의 검소한 다과회보다 큰 방에서 화려하게 개최하는 구시대의 다과회를 선호하기 시작했다. 이에 따라 히데요시는 겸손함과 만민평등의 뜻이 담긴 센노 리큐의 다도를 멀리하기 시작했다.

그러던 중 히데요시와 센노 리큐의 사이가 결정적으로 결렬되는 사건이 일어난다. 1590년 4월, 센노 리큐의 제1제자 야마노우에 소지〔山上宗二〕가 히데요시의 명에 의해 처형된 것이다. 히데요시의 귀에 거슬리는 말을 했다는 이유로 야마노우에 소지가 센노 리큐가 보는 앞에서 귀, 코를 자르는 잔인한 방법으로 참혹하게 살해당한 것이다.

이에 센노 리큐는 반격을 개시했다. 그는 1590년 9월에 개최된 다과회에서 당시 히데요시가 새롭게 중용한 다인들을 앞에 하고 히데요시가 싫어하는 검은 찻잔을 사용했다. 히데요시가 싫어하기 때문에 일부러 이 찻잔을 사용한다는 설명도 곁들였다. 이 얘기는 곧바로 히데요시에게 전달되었다.

1591년 2월, 다이토쿠사〔大德寺〕에 세운 센노 리큐의 목상이 문제가 되어 센노 리큐는 칩거를 명령받고 오사카의 사카이〔堺〕에 내려갔다. 그때 그를 구하고자 하는 사람들이 많았다. 예를 들면, 히데요시와 가까운 다이묘 중 마에다 도시이에〔前田利家〕라는 사람은 밀사를 보내 센노 리큐에게 타협을 권했다. 히데요시의 본 부인이나 어머니에게 부탁하여 히데요시에게 사과해보라는 내용이었다. 하지만 센노 리큐는 이를 거절했다.

드디어 2월 25일에 센노 리큐의 목상이 주라쿠다이에서 가까운 다리 위에 교수형 상태로 내걸리고 지나는 사람들의 시선을 끌도록 방치해놓았다. 그로부터 3일 후 히데요시는 사자를 보내 센노 리큐에게 할복할 것을 명했다. 센노 리큐는 이미 각오한 일이었으므로 묵묵히 할복하여 세상을 떠났다.

그러면 이 같은 히데요시의 폭거로 와비차가 죽었을까? 그렇지 않았다. 그 후에도 와비차는 맥락을 계속 유지하여 현재의 일본 다도의 본류가 되었다. 현재 일본에서 다도의 유파로서 우라센케〔裏千家〕, 오모테센케〔表千家〕가 가장 유명하다. 이 두 유파 모두의 이름에 들어 있는 센〔千〕 자는 센노 리큐〔千利久〕에서 딴 글자이다. 센노 리큐는 억울한 죽임을 당했지만 결국 일본 다도를 평정한 것이다.

일본 유학의 아버지, 조선 선비 강항

강항姜沆(1567~1618)은 전라남도 영광에서 태어났다. 강항은 명문 유가의 양반 집안에서 태어나 어릴 적부터 학문적 재능이 뛰어나. 16세 때 향시에 합격했고 27세 때는 문과에 급세했으며 29세 때 박사가 되었다.

1597년 도요토미 히데요시가 정유재란을 일으켜 전라도를 집중 공격했다. 그때 고향에서 휴가를 보내고 있던 강항은 전쟁 발발 소식을 듣자 서둘러 남원성에 군량미 운반을 도모했지만 성공하지 못했다.

그 후 이순신 장군의 휘하에 들어가기 위해 가족과 함께 바닷길

3. 선비가 본 일본, 사무라이가 본 조선

로 이동하다가 작은 섬에 들렀는데 그곳에서 일본군에 붙잡혔다.

그 후 1597년부터 1600년까지 약 3년 동안 일본에서 포로 생활을 하게 되었다. 그의 일본에서의 생활에 대해서는 그가 귀국 후에 직접 쓴 《간양록看羊錄》에 자세히 쓰여 있다. 타국에서의 외로움이라든가 당시 일본의 정치 상황 등을 이 책을 통해 엿볼 수 있다.

강항의 초상

정유재란은 도요토미 히데요시의 명령으로 조선인의 귀나 코를 자르는 등 대학살이 자행된 처참한 전쟁이었다. 강항이 살해당하지 않고 포로가 된 이유는 일본인이 그가 유학자임을 알았기 때문이다. 당시 일본은 무력 중심의 시대였으므로 유학의 도덕성에서 보면 야만인의 세상이었다. 그 같은 야만의 시대가 도요토미 히데요시가 집권하던 16세기 말에는 절정에 다다른다.

이에 비해 유교, 특히 성리학을 국교로 삼았던 조선은 정치이념뿐 아니라 일상생활 속에도 성리학 사상이 깊이 침투되어 있었다. 그러나 일본에서는 성리학이 유일한 지식층인 승려조차도 일부에서만 접하고 있던 귀중한 학문이었으므로, 강항과 같은 선진 지식인을 필요로 했던 것이다. 따라서 납치해온 강항을 비롯한 지식인

후시미성 교토 후시미에 있던 성. 사진은 옛 후시미성 터에 건설된 유원지 '후시미 모모야마성 캐슬 랜드' 안에 건축된 모의 후시미성이다. 후시미성은 강항이 끌려가고 1598년에 히데요시가 죽은 장소이기도 하다.

에게는 여느 포로와는 다른 특별대우를 했다. 그리고 그중에서도 강항에게 특별히 관대했던 이유는 강항의 지식을 일본인이 높이 평가했기 때문이다.

그래서 강항은 비교적 자유로운 포로 생활을 보냈다. 그러나 일본사회에 동화되지는 않았다. 그는 자신의 절도를 굽히지 않았고, 조선에 돌아간다는 신념으로 일본어 공부는 절대 하지 않았다. 그는 규슈[九州]에서 시코쿠[四國]의 오쓰성[大津城], 교토의 후시미성[伏見城]으로 옮겨졌다. 강항은 비밀리에 당시 덕수궁에 귀환한 선조에게 구원을 요청했지만 성공하지 못했다.

그런데 일본의 선종승 후지와라 세이카와 만남으로써 강항의 마음이 움직인다. 임진왜란이 일어나기 전에 일본을 방문해온 조선통신사를 통해 조선 성리학을 접한 적이 있는 후지와라 세이카는 일본에 아직 보급되지 않고 있던 수준 높은 조선 성리학을 보다 깊이 배우기 위해 강항을 방문했다.

그때 강항은 성리학 공부를 위해 승복을 벗고 유교적인 정장을 차려 입은 후지와라 세이카가 보여준 학문에 대한 진지한 자세에 크게 감동한다.

그것이 계기가 되어 강항은 세이카에게 사서오경, 이황의 성리학, 과거제도, 조선의 장례제도 등에 대해 자세히 가르쳐준다. 세이카의 학통에서는 아라이 하쿠세키, 아메노모리 호슈 등, 후에 일본을 이끄는 인재들이 나온다. 세이카를 통해 강항은 결국 일본에 조선 성리학을 정착시킬 수 있는 기초를 구축한다.

세이카는 학문을 좋아하는 사무라이 아카마쓰 히로미치[赤松廣通]에게 진언하여 강항에게 유교 경전 필사를 부탁하자고 청했다.

그것이 사서오경 외에도 성리학의 이해에서 빠뜨릴 수 없는 《근사록近思錄》 등이다.

사서오경 등 유교 고전은 고대의 서적이지만 그 간결한 본문을 어떻게 해석하는가에 따라 해석자의 사상을 표현할 수 있다. 주자는 한漢·당唐 시대의 주註로 읽히던 유교 고전을 자신이 해석하여 주를 달아, 성리학을 자신의 학문으로 만들었다.

명대에 접어들어 중국에서는 성리학이 관학으로서의 지위를 확립했다. 그리고 이에 따라 자연스럽게 조선에서는 성리학이 국교의 위치에 정착되었다. 그 후 조선의 유학자에 의해 수준이 높아진 성리학은 일본보다 200년 앞서서 조선 주류를 이루는 사상이 되었다.

이에 비해 당시 일본에서는 여전히 한·당의 주가 주류였다. 세이카는 강항과 만나 성리학에 대한 인식이 깊어져 조선 성리학에 입각하여 사서대전, 즉 《대학》《중용》《논어》《맹자》 등에 자신의 주를 달았다. 강항은 그러한 세이카에 대해서 이렇게 말했다.

> 세이카는 일본에서 주자가 전한 주를 배우는 유일한 사람이다. 일본에서 정주학에 대해서는 세이카 이외에는 아는 사람이 없다.

강항은 이와 같이 세이카가 주자의 주를 잘 수용하고 있으나 일본에서 정주학에 대해 지식을 가진 사람이 세이카 이외에는 없다고 했다. 이 말은 당시 일본은 성리학에 그다지 관심이 없었고, 세이카의 학문이 그 당시의 일본의 학자나 승려 사이에서 가장 뛰어났음을 잘 말해주고 있다.

강항에 의하면 세이카는 조선의 과거제도, 춘추의 석기釋箕, 조저朝葶의 규정 등에 대해서도 자세히 물었다고 한다. 석기는 공자묘에서 봄과 가을에 두 번 공자를 모시는 의식이며, 조저는 관청의 관리 등급제도이다. 과거는 말할 필요도 없이 관리 선발 시험이고 중국, 조선의 유교국가 체제의 근간이다. 세이카는 이론, 학문으로서의 성리학만이 아니고 그 성리학에 입각한 유교국가의 인재 등용 제도나 의식 등, 제도와 운용체제에 대해서도 배우고자 했던 것이다.

아카마쓰 히로미치는 강항에게서 석기의 방식을 배워 자신의 영지인 하리마(播磨 : 현 효고현(兵庫縣) 서남부에 위치]에 공자묘를 세우고, 석기를 위한 제복, 제관祭冠을 준비했다. 그는 가신을 모두 인솔하고 강항에게 직접 제사 의식을 배우기도 했다.

> 학문을 알지 못하고 유교를 존중하지 않는 일본 무장들 중에서는 참으로 보기 드문 존재이다.

강항은 아키마쓰 히로미치에 대해 이렇게 썼다. 일본의 장군이나 제후들이 유교 예식에 깊이 관계하기 시작한 것은 제5대 장군 쓰나요시(綱吉) 시대부터이다. 일본은 과거제도나 제례 등을 수용하지 않았고 완전한 유교국가도 되지 않았지만 에도시대에 가장 주류를 이룬 학문은 성리학이었다. 그것은 강항을 스승으로 모신 후지와라 세이카와 아카마쓰 히로미치로부터 시작된 것이다.

《간양록》에는 세이카가 말한 임진왜란에 대한 평가도 적혀 있다.

3 선비가 본 일본, 사무라이가 본 조선

일본 민중의 초췌憔悴가 지금만큼 심한 시대는 과거에 없었습니다.

이렇게 히데요시의 조선침략으로 일본 민중이 몹시 고통당하고 있다고 서두를 연 세이카는 다음과 같이 이어갔다.

만약 조선이 명과 힘을 합해 군사를 일으켜, 일본의 죄를 묻기 위한 침입을 해와도 성공할 것입니다. 일본어 글자 히라가나로 포고문을 만들어 민중을 지옥의 고통에서 구제하려고 왔다고 널리 알리고, 군대가 통과하는 지역에 피해를 주지 않는다면 시라가와〔白河〕검문소 (일본의 북쪽 동북지방에 있었음)까지도 갈 수 있을 것입니다.

세이카는 히데요시의 조선 침략은 조선뿐 아니라 일본 민중에게도 큰 피해를 주었다는 인식을 갖고 있었고, 그뿐 아니라 조선과 명나라가 그 죄를 묻기 위해 군사를 일으켜줄 것을 기대하고 있었던 것이다. 세이카가 조선 침략을 행한 히데요시를 '소국의 소인배'라고 극히 낮춰 부른 것은 그의 조선에 대한 자세로 볼 때 당연한 귀결이었다.

강항이 일본에 포로로 붙잡혔을 당시, 일본군은 그의 어린 자식 둘을 살해했다. 《간양록》에 의하면 다음과 같다.

나는 일본군을 피해 배로 도망치다가 붙잡혔다. 일본 병사는 어린 내 아들과 딸을 바다에 내던졌다. 두 아이가 바닷물 속에서 허우적대며 울부짖는 참혹한 모습을 바라보며 고통스러워 견딜 수가 없었다. 그러나 그 목소리도 잠시 후에는 끊겨버렸다.

나는 서른이 되어서야 겨우 아들을 얻었다. 아내가 임신했을 때 나는 꿈을 꾸었다. 용이 수중에 떠 있는 꿈이었다. 그래서 나는 아들의 이름을 '용'이라고 지었다. 그때는 누가 내 아들이 바다에서 죽으리라고 생각이나 했겠는가.

《간양록》을 읽다보면 너무나도 비통한 이야기가 많이 실려 있어 눈물 없이는 읽을 수가 없다. 일본 병사의 만행은 강항의 마음에 아물지 않는 상처를 남긴 것이다.

일본 땅에 붙잡혀온 강항은 시코쿠(四國)의 에히메현(愛媛縣)에 연행되었다. 식사도 제대로 하지 못하고 계속 걸어가야 했던 그는 힘에 겨워 일본의 어느 강을 건너는 도중에 물 속에서 쓰러져버렸다. 그때의 상황을 그는 다음과 같이 전한다.

나는 물 속에 쓰러져 힘이 없어 일어날 수가 없었다. 그러자 강가에 있던 한 일본인이 눈물을 흘리며 달려들어 내 윗몸을 일으켜주었다. 그리고 그 일본인은 이렇게 말했다.
"아이고! 이런 무자비한 짓을 어떻게 할 수 있단 말인가! 히데요시 님은 이분들을 잡아와 대체 뭘 시키겠다는 말씀인가! 어찌 하늘이 벌을 내리지 않겠는가!"
그 일본인은 황급히 집으로 달려갔다가 잠시 후에 돌아왔다. 그리고 식사를 차리고 차를 달여 나를 대접하고 위로해주었다. 일본인 중에도 이런 어진 마음을 지닌 사람도 있었다. 그들이 전쟁터에서 즐기듯 사람을 죽이는 것은 일본의 법령이 그들이 그렇게 할 수밖에 없게끔 만들어져 있기 때문이다.

강항은 백성들이 수많이 학살당하는 것을 목격했고 자신의 자식들도 바닷물 속에 내던져져 죽임을 당했다. 게다가 그 스스로도 학대를 받은 강항이 일본인 중에 양심을 가진 사람도 있다고 느낀 점이 아마도 후에 후지와라 세이카나 아카마쓰 히로미치를 가르치는 데 원동력이 되지 않았을까 생각해본다.
　《간양록》에는 강항이 견문한 일본의 국정에 대한 부분도 상세히 기록되어 있다. 강항은 이 책에서 일본을 '만이蠻夷'라고 쓰고, 일본인을 '왜노', '노왜' 등으로 표현했다. 그리고 일본에 납치된 일에 대해서는 다음과 같이 표현했다.

　　절역絕域의 바깥, 개나 돼지의 소굴에 빠져버렸다.

또 이런 내용도 있다.

　　일본인의 풍속을 말하자면 작은 일에 총명하고 큰 일에 둔하다. 대중들이 경의를 표하고 명예롭게 여기는 일에는 내용을 잘 알아보지도 않고 오로지 따라간다. 한번 빠져버리면 죽을 때까지 깨닫지 못한다. 이것이야말로 만이蠻夷는 견문이 좁고 열등하다는 이야기가 된다.

　강항은 일본에 대한 증오심 때문에 일본에 대해 나쁘게 썼다기보다는 상당히 정확한 견해를 가지고 당시 일본의 상황을 진단했다고 할 수 있다. 그리고 《간양록》에는 강항이 당시의 조선을 어떻게 보았는가에 대해서도 기록되어 있다.

왜인은 키가 작고 힘도 없다. 우리나라 남자와 왜인이 씨름을 하면 왜인은 전혀 승산이 없는데도 어째서 쉽게 그들에게 국토를 유린당한 것인가.

우리나라는 평상시에 병사를 기르지 않고, 백성을 교화하지도 않았으며, 임진왜란이 일어나고 나서야 백성들을 긁어모아 전쟁터에 끌어냈다. 다소나마 돈이나 재산이 있는 사람들은 뇌물을 써서 병역을 회피했으므로, 재산이 없는 빈민들만이 적과 맞싸웠다. 우리나라 장군들은 상비군을 갖고 있지 않고, 병사에게는 정해진 지휘관이 없다. 병사가 된 백성들은 반은 순찰사에, 반은 절도사에 속해 있다. 병사 한 사람이 아침에는 순찰사의 지휘하에 있다가 저녁에는 도원수의 지휘하에 들어간다. 장군과 병사가 어지럽게 바뀌니 통솔할 수가 없다.

우리나라에서는 위문衙門이 셀 수도 없이 많고, 모순된 정령을 남발하며, 주나 현의 사졸士卒을 전부 징병해버리고, 창고의 식량을 모두 가

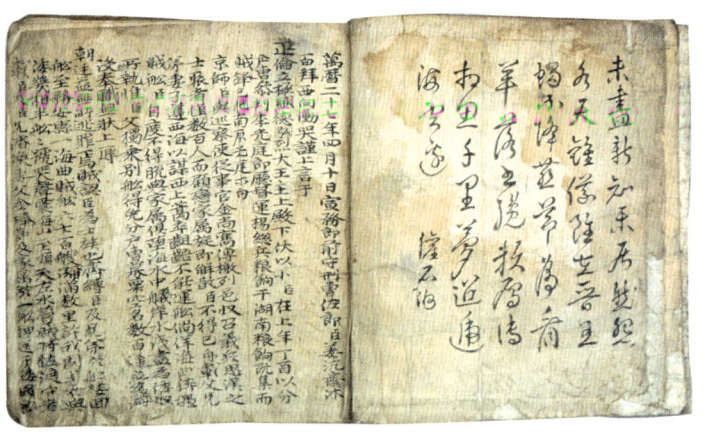

간양록 강항의 친필이 인상적이다.

3. 선비가 본 일본, 사무라이가 본 조선

져가 버린다. 왜적이 공격해올 무렵이면 아무것도 남아 있지 않다. 이와 같은 상태에서는 만약에 장張, 한韓, 유劉, 악岳을 소생시켜도 도망치는 수밖에 없다.

장, 한, 유, 악이란 중국 역사상의 명장이나 공신으로 알려진 전한의 장량張良, 한漢의 한신韓信, 송의 유기劉錡, 송의 악비岳飛를 말하는 것이다. 그리고 강항은 이순신에 대한 조정의 판단에 대해서도 비판했다.

이순신은 수군을 지탱하는 기둥이었는데, 죄상도 모른 채 그를 투옥시키고 원균에게 그 자리를 대신하게 한 것은 잘못된 일이었다.

그는 당시의 조선을 보는 눈도 정확했다.

임진왜란, 정유재란 때 일본 병사들이 조선에서 약탈해온 많은 서적들이 세이카의 제자인 하야시 라잔[林羅山]의 소장서 중에 상당부분 들어 있었다. 이들 중 중요한 책은 일본에서도 출판하여 보급됐고, 이황의 저작물은 일본에서도 복각판이 여러 차례 출판될 정도였다.

에도시대에 일본을 방문한 조선통신사를 일본의 유학자들은 열렬히 환영했는데 조선을 예교국가로서 숭배하고 있었기 때문이었다. 이처럼 강항과 후지와라 세이카의 교우관계는 에도시대의 조선과 일본 간의 평화시대를 앞장서서 조성해놓았던 것이다.

1598년 도요토미 히데요시 사망 후, 도쿠가와 이에야스는 일본의 천하통일과 동시에 에도에 막부를 열었다. 그리고 전쟁으로 혼란스러웠던 사회의 안정을 위해 새로운 시대의 정치 이념과 가치관으로서 성리학을 수용했다. 성리학은 당시의 지배계급 이데올로기에 큰 영향을 미쳤다. 후에는 성리학을 서민에게 가르치는 서당들이 많이 세워졌다.

이처럼 강항은 일본 성리학의 아버지가 되었다. 그는 정유재란 때 아들과 딸을 잃었으나 많은 일본 제자들이 그의 아들과 딸이 되어 일본의 270년에 걸친 평화시대를 이끌어갔던 것이다.

강항이 일본에 납치된 지 약 3년이 지난 1600년에 그는 조선에 귀국할 수 있었다. 강항은 귀국한 후 조정에서 관료로 초청을 받았지만 적군에 잡혀 적국에서 살다온 죄를 지었다며 거절하고 학

강항이 말년을 지낸 내산서원

문에 매진했다. 그의 서원이 있는 장소는 풍수지리적으로 뛰어난 곳이다. 강항은 서원 뒷산의 부인 무덤 옆에 묻혔다. 강항에 대해서는 현재 한국에서보다 일본에서 체계적인 연구가 진행되고 있다.

강항의 제자 후지와라 세이카

강항을 통해 성리학을 배워 근세 일본 유학의 시조로 불리는 후지와라 세이카의 집안은 원래 장원을 소유한 구 귀족 후지와라 가문이다. 그러므로 세이카는 엄밀하게 말하자면 무사계급 출신이 아니었으나 전국시대에는 세이카의 집안도 성을 쌓아 무사와 같은 생활을 했다. 그러므로 구 귀족 후지와라씨는 전국시대의 다른 무장과 마찬가지로 귀족에서 무사로 바뀐 경우였다.

후지와라 세이카는 어렸을 때부터 신동으로 불릴 만큼 명석했다. 1578년 세이카가 18세 때 세이카 아버지의 성이 적군의 급습을 받아 함락되고 말았다. 아버지와 형이 둘 다 죽임을 당했다는 소식을 듣고 세이카는 어머니, 동생들과 함께 숙부가 주지로 있는 교토의 쇼코쿠사〔相國寺〕에 피신했다.

그때 효고현〔兵庫縣〕히메지〔姬路〕에 진을 치고 있던 하시바 히데요시(후의 도요토미 히데요시)를 만나 후지와라가의 재흥을 부탁했다. 이에 히데요시는 "시기가 도래할 때까지 기다리라"고만 말했다. 그 후 세이카는 쇼코쿠사에서 선승이 되었고, 여기서 불교와 유학을 배웠다.

그 후에 도요토미 히데요시는 일본을 평정했다. 그리고 1590년에는 조선에서 약 150년 만에 파견된 조선통신사가 오사카성을 방문했다. 정사는 황윤길黃允吉, 부사는 김성일金誠一, 서장관은 허성許筬이었다. 세이카는 이때 다른 선승을 시켜 세 명의 통신사들과 필담을 나누게 했다. 그 결과를 보고 받고 조선 성리학의 깊이에 매료된 세이카는 이때부터 불교를 버리고 본격적으로 유학의 길에 들어서기로 마음을 정한다.

그리고 전술한 바와 같이 조선 선비 강항과의 교류를 거쳐, 그때까지 고잔[五山] 선승들의 교양의 일부였던 유학을 체계화해서 경학파京學派로서 독립시켰다. 경학파는 이황의 성리학을 기조로 하지만 이이의 학설이나 양명학을 수용하는 등, 포섭력이 있는 것이 특징이다. 이런 학풍은 전술한 바와 같이 조선 절충파의 영향을 받았다.

세이카는 의복에도 신경을 써서 나름대로의 옷차림을 고안해냈다. 처음에는 승적에 있어서 스님의 복장으로 지냈지만, 유학을 강의할 때는 자신의 모습을 구별한다는 의미에서 조선이나 중국의 복장을 참고로 한, 일본적인 복장을 만들어 입었다. 세이카가 1600년 9월에 도쿠가와 이에야스에게서 강의를 요청받고 알현했을 때도 스스로 고안한 복장을 입고 나갔다. 결국 그것이 에도시대 일본의 학자 복장이 되었다.

세이카가 40세 때, 유학자로 살기로 마음을 정하는 데 결정적인 영향을 준 강항이 조선에 귀국한다. 강항에게서 받은 가르침대로 세이카는 석전釋奠의식(공자를 모시는 대전)을 일으켰고, 새로운 유학자는 고잔의 유학승儒學僧들과는 다르다는 것을 외견상으로도 명확히 구별시키기 위해 본격적으로 유복을 입기로 했다.

세이카의 집안은 옛 귀족들이 그랬듯이 가인의 전통도 가진 집안이었다. 그래서 세이카는 단가나 일본의 고전에도 정통했다. 학문뿐 아니라 시문을 잘 지었던 조선 선비의 모습과도 아주 흡사한 점을 엿볼 수 있다.

도요토미 히데요시나 도쿠가와 이에야스에게도 세이카는 유학을 강의했다. 도쿠가와 이에야스는 역사서를 애독하여, 수많은 출판사업을 벌이기도 한 학자 장군이었다. 이에야스는 스스로 작시나 집필은 하지 않았지만 여러 학자들을 초청해 강의 듣기를 좋아했다.

1600년, 드디어 이에야스는 소문난 학자인 세이카를 교토 후시미〔伏見〕성에 불러 강의를 들었다. 그때의 에피소드로 다음과 같은 이야기가 전해진다. 강의를 하러 나타난 세이카에게 이에야스는 잘 가르쳐 달라며 인사를 건넸다. 그러나 세이카는 강의를 시작하지 않았다. 의아해하며 이에야스가 뭔가 맘에 들지 않는 것이라도 있느냐고 묻자 세이카는 이렇게 대답했다.

"장군님의 그 복장은 제 강의를 듣는 복장이 아닙니다."

이에야스는 편안한 평상복에 두건을 쓰고 있었다. 세이카는 조선이나 명나라 유학자의 옷차림이었다. 이에야스는 평소 서민들과 별 차이가 없는 간소한 옷차림으로 지내는 습관이 있었다. 그래서 이에야스는 "이 복장에 무슨 문제라도 있습니까?"라고 되물었다. 이에 세이카는 다음과 같이 대답했다.

"장군님께서는 학문을 다과를 즐기듯 심심풀이 정도로 생각하고 계십니까? 학문을 취미 정도로밖에 생각하지 않는 분께 가르칠 것

하야시 라잔 동상 기후현[岐阜縣] 게로온천 소재. 하야시 라잔이 게로온천을 일본의 3대 온천 중 하나로 소개했기 때문에 전국적으로 유명해졌다. 1989년에 게로온천의 연간 방문객이 150만 명을 돌파한 것을 기념하기 위해 게로시[下呂市]가 은인인 라잔의 동상을 세웠다.

은 아무것도 없습니다.《대학》은 공자의 유서이며, 이것은 우선 자신의 몸을 가지런히 유지하는 것이 기본이라고 가르치고 있습니다. 자신의 몸을 가지런히 하시지 않고서 어떻게 국가를 통치하실 수가 있습니까. 예절을 분별하지 못하는 분께는 성현의 길을 가르칠 의미가 없습니다."

세이카의 이 말에 놀란 이에야스는 금방 옷을 갈아입고 돌아와 정장 차림으로 강의를 들었다고 전해진다. 당시 도요토미 히데요시가 사망한 후에 일본을 통일한 이에야스는 사실상 일본 최고의 권력자였다. 그런 이에야스에게 이렇게까지 설교할 수 있는 사람은 당시 세이카뿐이었을 것이다.

강의를 듣고 난 이에야스는 세이카의 강의에 매료되었다. 이에야스는 곧바로 세이카를 자신의 고용 학자로 삼고 싶다는 생각을 했다. 머리 회전이 빠른 이에야스는 세이카가 강의한 성리학적 가치관에 따라 일본을 통치하면 잘 될 것이라고 생각했던 것이다. 이에야스는 세이카에게 관직에 들어올 것을 요청했다. 그러나 세이카는 이에야스의 출사 요청을 끝내 사양하고 대신 그의 제자인 하야시 라잔[林羅山]을 추천한다. 하야시 라잔은 에도 막부 학문소의 책임자인 대학두大學頭가 되었다. 이렇게 하여 강항이 전한 조선 성리학은 에도 막부의 정통사상이 되었다.

그러면 강항에게서 전수받은 조선 성리학을 세이카는 어떤 식으로 일본화시켰는가. 먼저 세이카는 전국시대에 보편적인 통속개념으로 유행한 천도天道를 성리학의 이 개념과 연결시켰다. 세이카는 다음과 같이 주장했다.

3. 선비가 본 일본, 사무라이가 본 조선

천도란 이理이다. 이가 하늘에 있어 아직 물질이 되지 않는 상태를 천도라 한다. 이가 사람의 마음에 나타나 아직 행동에 응하지 않는 것을 성性이라 한다. 성이 또한 이理이다.

그리고 세이카는 강력한 배불론을 전개하여 유가신도儒家神道를 제창했다. 세이카는 신도가 불교에 의해 신들의 존재 근거를 찾는 방식에 반대했다. 즉 신도의 신들은 부처님이 신의 모습을 빌려 나타난 것이라는 본지수적本地垂迹설에 강하게 반대한 것이다. 대안으로 세이카는 신도의 중심은 유교와 같은 인정仁政에 있다고 주장해 '신유일치神儒一致'의 기초를 마련하려고 했다. 그 연장선상에서 세이카는 존왕론尊王論을 주창했다.

> 일본의 신도가 마음을 올바르게 갖고 만민을 사랑하며 자비를 베푸는 것을 가르침의 핵심으로 삼고 있듯이 요순의 길 또한 그것을 핵심으로 삼고 있다.

세이카는 일본의 역대 천황의 통치가 인정에 입각한 것이라고 보고 신유일치를 주창했다. 이리하여 일본의 신도와 성리학은 기본적으로 대립하지 않았다. 오히려 천황의 역사를 성리학으로 해석하려는 미토학(水戶學)을 낳았다.

세이카는 성리학을 가장 소중히 여겼으나 주자를 비판하여 심즉리心卽理를 주창한 육상산陸象山이나 이를 계승해, 도량지良知를 설한 왕양명王陽明 등의 사상에서 장점을 인정했다.

서로의 차이점만 보고, 서로의 공통점을 보지 않는 폐해가 있다. 동시에 비슷한 이론이라고 해도 서로의 차이점을 잘 보아야 한다.

이처럼 세이카는 편협하게 이론異論을 배격하는 태도나 비슷한 논리를 무조건 수용하는 태도를 비판했다. 세이카가 남긴 서적은 《세이카문집》《가나〔假名〕성리》《지쿠로쿠쇼〔逐鹿抄〕》 등이 유명하다. 세이카의 저작은 일본에서 출판된《후지와라 세이카집》에 망라되어 있다.

에도 막부에서의 벼슬살이를 계속 거부한 세이카는 1605년 교토 북쪽에 위치한 이치하라〔市原〕마을에 산장을 짓고 살기 시작했다. 세이카는 이곳을 매우 마음에 들어했다고 한다. 그는 이 마을의 아름다운 자연을 사랑했다. 그는 그곳에서 학문을 닦으면서 문인들과 편지 교류를 하고 시가를 즐겨 썼다. 세이카는 출사를 거부하고 조선 선비가 선택한 길을 가고자 한 것이다. 그는 중풍으로 1619년 9월에 60년간의 생애를 마쳤다.

에도시대(1603~1867) 내내 조선과 일본의 관계가 평화스러웠던 이유는 강항이 전하고 후지와라 세이카가 수용한 조선 성리학을 에도 막부가 관학으로 받아들였기 때문이다. 이것으로 조일 간에 선린우호 관계가 성립되어, 양국이 쇄국정책을 취하는 와중에도 유일하게 조일관계만은 정식 국교관계로 유지됐다. 임진왜란을 일으켜 조선을 무력으로 짓밟은 일본을 270년간 평화세력으로 정착시킨 힘은 조선에서 완성 단계까지 승화된 수준 높은 성리학에서 온 것이었다. 말하자면 조선 선비의 힘이었다.

아라이 하쿠세키와 아메노모리 호슈

아라이 하쿠세키

아라이 하쿠세키〔新井白石 : 1657~1752〕는 후지와라 세이카의 제자에 이어지는 4대째 제자이다. 하쿠세키의 선조는 고즈케노쿠니〔上野國 : 현재의 군마현(群馬縣)〕의 영주였으나 도요토미 히데요시에게 공격을 받고 몰락했다. 하쿠세키는 1657년 1월 18일에 일어난 에도 대화재 다음 날 피난처에서 태어났다.

하쿠세키는 어렸을 적부터 학예에 비범한 재능을 발휘하여 만 3세 때 아버지가 읽는 유학에 관한 서적을 전부 베껴 썼다는 이야기가 전해올 정도였다.

하쿠세키는 대화재 다음 날에 태어나서 그런지 불을 내면 미간에 불 화火 자를 닮은 주름이 생겼다고 한다. 그래서 '불의 아이'라는 애칭을 얻었다. 말년에 막부의 반대파들은 그의 미간에 새겨진 주름과 그의 엄격하고 불같은 성격 때문에 그를 매우 무서워했다고 한다.

그 후, 하쿠세키는 홋타 마사토시〔堀田正俊〕를 주군으로 모셨다가 홋타가 암살당하자 독학으로 계속 유학을 공부하고 있었다. 그러다가 30세 무렵 하쿠세키는 성리학자 기노시타 준안〔木下順庵〕의 제자가 된다. 기노시타 준안은 후지와라 세이카의 손제자였다.

하쿠세키가 기노시타 준안의 제자가 된 것은 그가 조선통신사와 맺은 인연에서 비롯됐다. 하쿠세키는 1682년에 조선통신사가 일본에 갔을 때 무명의 사무라이로서 제술관 성완成琬 등과 시를 창화한 적이 있었다. 하쿠세키는 그때의 상황을 저서《꺾인 잡목의 기록》

에 다음과 같이 썼다.

> 금년(1682) 가을, 조선의 빙사가 왔다. 평생 동안 지은 시 백 수를 적어서 3학사에게 평을 청하고 그들에게 서序를 부탁하려고 아비루[阿比留]를 통해 9월 1일 객관에 찾아갔다. 제술관 성완, 서기관 이담령李聃齡과 더불어 비장裨將 홍세태洪世泰라는 사람을 만나 시를 짓는 등 함께 시간을 보냈다. 그날 밤에 성완이 내 시집의 서를 써주었다. (중략) 아비루가 그 책권을 모쿠[木] 선생(기노시타 준안)에게 보이며 조선인이 서를 써주었다고 하니 나를 만나보고 싶다고 해서 아비루의 소개로 처음으로 모쿠 선생과 만나게 되었다.

하쿠세키가 '평생 동안 지은 시 백 수를 적'은 것이 《도정집陶情集》인데, 그것에 성완이 서를 쓴 것이다. 그것을 기노시타 준안의 제자였던 아비루가 기노시타 준안에게 보였고 준안은 하쿠세키를 높이 평가하여 그를 가까이 부른 것이다. 당시는 조선통신사가 서문을 써준다는 것은 학문을 하는 일본인으로서는 큰 영광이었다. 이렇게 해서 하쿠세키는 기노시타 준안의 문하생이 되었다.

준안은 하쿠세키의 재능을 높이 평가하여 가가번加賀藩[현 이시카와현(石川縣) 일부]의 관직을 소개했다. 하쿠세키는 후에 "가가번을 천하의 서부書府라고 칭찬했는데 그만큼 가가번은 학문이 번성했다"라고 말했다.

그런데 하쿠세키는 동문 오카지마 다다시로[岡島忠四郞]에게서 "가가번에는 연로한 어머니가 계신다네. 부디 자네 대신 나를 추천해주시도록 스승님께 부탁해주지 않겠나?"라는 부탁을 받고 오카

3. 친비가 본 일본, 사무라이가 본 조선

지마에게 이 관직을 양보했다.

그 후, 1693년에 준안은 고후번(甲府藩 : 현 야마나시현(山梨縣)의 일부)의 관직에 하쿠세키를 추천했다. 하쿠세키 나이 37세 때였다. 이것으로 하쿠세키는 고후번주인 도쿠가와 이에노부(德川家宣)의 시강(侍講)이 되어 이에노부에게 유학과 역사를 가르치게 된다. 하쿠세키는 이에노부를 모신 19년 동안 이에노부에게 약 1,300일간 강의를 했다고 한다.

그뿐 아니라 하쿠세키는 이에노부에게 1만 석 이상의 영주 337가의 역사와 도쿠가와 가문과의 관계를 일목요연하게 알 수 있게 기록한 《번한보(藩翰譜)》를 집필하여 헌상했다. 이에노부는 평생 이 책을 옆에 두고 생활했다고 한다.

당시 에도 막부의 제5대 장군 도쿠가와 쓰나요시(德川綱吉)는 절과 신사를 많이 건립해 '생물 연민령(생물을 죽이거나 학대하지 말라는 명령이고 특히 개를 학대하면 무겁게 처벌했다)'을 내렸다. 하지만 그에게는 자식이 생기지 않았으므로 결국 친척인 고후번주 이에노부를 후계자로 삼았다. 이렇게 하여 이에노부가 제6대 장군에 오르고, 하쿠세키도 정치 고문역으로 막부정치에 참가하게 된다. 이에노부는 하쿠세키를 중용하여 정덕(正德)정치로 불리는 정치개혁을 실시했다.

1711년에 이에노부의 장군직 계승을 축하하기 위해 조선통신사가 일본에 갔을 때, 하쿠세키는 접대역의 최고책임자가 되었다. 이때 하쿠세키는 다시 성완 등과 만나게 된다. 이때 통신사들이 하쿠세키의 추천을 받은 일본문인들과 창화한 시문이 《칠가창회집(七家唱和集)》이라는 이름으로 출판되었다.

그러나 하쿠세키는 성대한 통신사 접대가 막부의 재정을 압박한다고 여기고 조선통신사에 대한 대우를 간소화시켰다. 이 일로 기노시타 준안의 동문이었던 대마번의 유학자 아메노모리 호슈와 대립하게 된다.

그뿐 아니라 하쿠세키는 일본의 장군을 '일본국 대군'이라 칭하여, 조선과의 교린관계는 대등하지 않다고 지적하면서, 장군은 '일본국왕'의 칭호를 가져야 한다고 주장한다. 그래서 1711년 조선통신사가 갔을 때 장군 이에노부는 일본국왕의 칭호를 쓰기도 했다.

이에노부의 사후, 제7대 장군 도쿠가와 이에쓰구〔德川家繼〕의 시대에도 하쿠세키는 계속 정치고문을 맡았는데 하쿠세키의 개혁정치에 저항하는 영주들이 서서히 늘어났다. 그런 연유로 이에쓰구가 사망하고 제8대 장군 도쿠가와 요시무네〔德川吉宗〕가 즉위하자 하쿠세키는 실각하여 공적인 정치활동에서 완전히 물러난다. 일본 장군의 권위를 향상시키려고 개정한 '조선통신사의 응접규칙' 등은 새 장군 요시무네가 그 이전과 같이 복구했다.

아메노모리 호슈

후지와라 세이카의 4대 손제자 중 조선과의 우호관계를 가장 소중히 여긴 유학자는 아메노모리 호슈이다. 그는 아라이 하쿠세키와 동시대의 학자이고 하쿠세키와 같이 기노시타 준안의 동문 문하생이었다. 하쿠세키가 조선통신사에 대한 대우를 간소화하고 여러 면에서 막부와 조선 조정의 대등한 관계를 추구한 나머지 결국 조선과의 우호관계를 훼손하였지만 아메노모리 호슈는 그런 하쿠세키를 비난하여 조선에 대한 성신誠信외교를 주장했다.

호슈는 기노시타 준안의 추천으로 당시 조선과의 창구였던 대마번에 1689년에 임관되었다. 그는 조선과의 외교를 담당했고 하쿠세키가 도쿠가와 장군을 '일본국왕'으로 표현한 것을 비난하기도 했다.

1698년 호슈는 대마번 조선방좌역朝鮮方佐役을 맡았고 그 후 1703년부터 1705년까지 부산 왜관에 3년간 머물렀다. 그 기간에 조선어를 열심히 공부하여 조선어에 능숙해졌으며 대마번에 귀환하여 1727년에 일본 최초의 '조선어학교'를 개설했다. 이 학교는 3년 과정의 본격적인 어학학교였다. 호슈는 일본인에게 조선어를 보급하면서 조선 문화를 이해시키는 데 평생을 바친 인물이다.

호슈는 조선어뿐 아니라 중국어에도 능통했는데, 1711년과 1719년 조선통신사를 쓰시마 섬에서 에도까지 동행했다. 통신사 사절단의 제술관이었던 신유한申維翰이 귀국 후에 저술한 《해유록海遊錄》에는 호슈의 활약상이 소개되어 있다.

1720년에 호슈는 조선의 경종景宗 즉위를 축하하는 일본 측 사절단의 일원으로 부산에 건너왔다. 그는 그의 저작인 《교린수지交燐須知》나 《교린제성交隣提醒》에 조선과 교섭할 때의 일본 측 교섭자의 기본자세에 대해 상세히 기술하면서 일본과 한국의 관습이나 문화의 차이를 잘 인식할 것과 조선과 조선인을 근본적으로 이해하는 데 필요한 지식을 가져야 한다고 주장했다. 그렇게 하지 않으면 일본 측의 오만성이 고개를 들고 조일관계가 다시 어려워진다고 생각한 것이다.

호슈는 상대국을 적당하게 속이거나 문화나 풍습의 차이로 다투는 일을 피하고 성의와 믿음으로 교류하는 것이 무엇보다 중요하다고 강조했다. 그는 외교에서 손익계산을 앞세우면 안 되며 이해관계를 따지기 전에 성의껏 상대를 대하는 자세가 필요하다고 강조했다. 그것은 그가 조선인의 외교자세에서 배운 내용이기도 했다. 이 같은 그의 주장을 성신외교라고 부른다.

특히 임진왜란으로 조선에 막대한 피해를 입힌 과거를 감안하여 호슈는 일본 측의 성의 있는 태도를 촉구했다. 조선이 성리학의 나라, 예의지국이라는 것을 잘 알고 있던 호슈는 조선사절을 맞이할 때나 부산 왜관에 머무를 때나 한결같이 일본인의 자세가 조선인처럼 예로 시작해서 예로 끝나야 한다고 생각했다. 그는 《조선풍속고朝鮮風俗考》에 다음과 같이 기록했다.

통신사 행렬도 부분 제술관 신유한과 동행하는 아메노모리 호슈의 모습이 보인다.

조선을 약한 나라로 보는 사람도 있다. 그것은 히데요시가 조선을 공격했을 때 많은 조선인을 죽였다고 들었기 때문이다. 그러나 당시 조선은 평화가 계속되었고 평화에 익숙해져서 국방을 소홀히 하고 있었다. 이에 반해 일본은 전란이 계속되었으므로 매우 잘 훈련된 병사들이 많았던 시기였다. 일본이 갑자기 침입해서 전쟁을 일으켰으므로 초기에는 조선이 허무하게 당했다. 그러나 실제로 사상자의 수는 일본과 조선이 거의 같았다. 일본이 군사를 철수시킬 당시에 크게 당하여 사상자가 많았다.

그는 조선을 침략했음에도 불구하고 조선인을 많이 죽인 것을 오히려 자랑스럽게 생각하는 일부 일본 관리들의 비인도적인 사고방식을 비판한 것이다.

호슈는 《교린제성》에서 성신외교에 대해 다음과 같이 썼다.

성신誠信으로 교제하는 것에 대해 사람들은 여러 이야기를 하지만, 실제로 대다수의 사람들은 그 뜻을 확실히 이해하지 못한다. 성신이란 진실한 마음을 뜻하며, 서로 상대를 속이지 않고 다투지 않으며, 진실한 글로 교제하는 것이야 말로 진정한 성신이다.

'진실한 글로 교제' 한다는 그의 말로 당시 조일 양국의 사신들이 주로 필담으로 얘기를 나누었다는 것을 알 수 있다. 필담만으로는 서로에 대한 이해가 깊어지기 어렵다. 그러나 호슈는 조선어를 할 줄 알았기 때문에 조선인이 일본인을 어떻게 생각하고 있는가를 잘 파악하고 있었다. 그러므로 그는 일본인의 조선에 대한 태도를 비판하고 있는 것이다. 이 문장 다음에 아래와 같은 문장이 이어진다.

> 조선과 진실하고 성실한 교제를 하려면 우리 측에서 사신을 보내는 것은 포기하고 조금이라도 그들이 성가시지 않게 해줘야 한다. 그러나 이것은 쉬운 일은 아니다. 다만 지금까지 해온 관습은 그 나라에서도 그리 간단히 고칠 수 없는 일이라고 생각되므로 우선은 당분간 관습을 그대로 유지하면서 더 이상 조선에게 신용을 잃는 일만은 하지 말았으면 한다.

호슈는 일본 측에서 조선에 사신을 보내는 일을 포기하라고 촉구하고 있다. 당시 부산의 왜관은 건물만 있는 것이 아니라 10만 평 정도의 부지에 일본 손님을 대접하는 다양한 가게들이 있었다. 그러므로 일본식 술집에서 추태를 부리거나 부당한 요구를 하는 일본인도 있었을 것이고 조선 측이 베풀어준 연회자리에서 조선인이 이해하기 어려운 행동을 하는 일본인도 적지 않았을 것이다. 호슈는 당시의 그런 상황을 지적하면서 '더 이상 조선에게 신용을 잃는 일만은 하지 말았으면 한다'고 경고하고 있다. 다음 글은 조일 양국의 사고방식의 차이로 우호관계가 훼손될 우려가 있다는 호슈

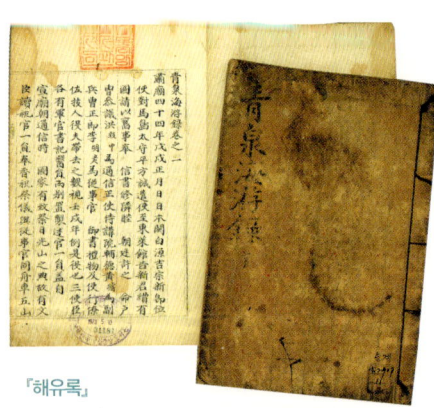

『해유록』

3 선비가 본 일본, 사무라이가 본 조선

의 경고이다.

어떤 자리에서 일본인이 조선의 역관에게 조선 임금은 정원에 무엇을 심느냐고 물었더니 조선의 역관은 보리를 심는다고 대답했다. 이에

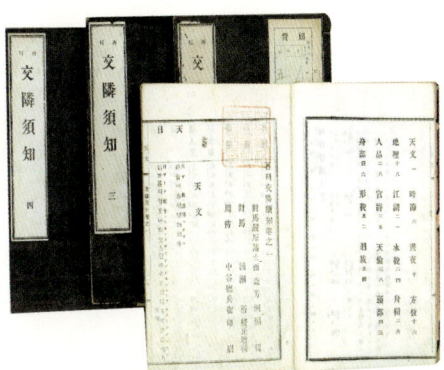

『교린수지』

일본인 중에는 조선은 하국下國이라고 비웃는 사람이 있었다. 이것은 임금이 스스로 백성들의 농사일을 잊지 않는다는 의미와 행위로 조선에서는 예부터 미덕으로 여겨져온 일이다. 일본인도 틀림없이 감명을 받을 것이라고 생각하고 조선의 역관은 그렇게 대답했는데 도리어 일본인에게 조롱당하는 꼴이 되고 말았다. 이처럼 일본과 조선 사이에는 풍속과 습관이 다르다는 사실을 망각하고 오로지 일본식 사고방식으로 상대방의 말이나 행동을 함부로 판단하면 안 된다.

이처럼 호슈는 항상 일본인에게 조선과 교제할 때 필요한 올바른 마음자세를 가르쳐 나갔다. 제술관 신유한[申維翰, 1681~?]은 《해유록》에 호슈에 대해 다음과 같이 적어놓았다.

아메노모리 호슈는 일본문인 중 걸출한 인물로 한국어, 중국어, 일본어에 능하고, 제자백가에 대해 깊이 이해하고 있다. (조선어나 중국어를) 일본어로 통번역할 때 호슈는 언어의 참뜻을 잘 알고 통번역한다. 스스로 마음속에서 좋은 말과 나쁜 말을 구별한다.

아메노모리 호슈는 조선에 대한 성신誠信을 기본으로 하는 외교이념은 일본인이 먼저 조선의 풍습, 관습, 역사, 문화 등을 잘 알아야만 조선과 일본 사이에 우호관계가 가능하다고 믿고 있었다. 그는 조선 문인들의 생활이나 관습, 행동과 버릇을 일본인이 오해하기 쉬운 면이 있다는 것을 간파하고 있었고, 일본인의 조선 문인들의 그런 관습이나 버릇 등을 경시하는 태도가 양국의 우호관계에서 저해요인이 된다고 보았다. 그러므로 호슈는 먼저 일본인이 일본의 상식으로 조선인을 비판하거나 오해하지 않게 하려고 많은 노력을 기울였다. 그것은 그가 조선인의 성리학으로 만들어진 인품을 일본인의 성격보다 존경하고 있었기 때문이다.

호슈는 1721년 조선방좌역을 사임하고 가독을 장남에게 승계한다. 그 후 호슈는 자택에서 후학을 양성하면서 저작활동에 매진하다가 1729년에 특사 자격으로 부산왜관에 부임했고, 1734년에는 대마번주의 측용인〔側用人 : 번주의 보좌역〕으로 부임한다. 이때 그는 《교린제성》을 썼다. 호슈는 88세까지 장수를 누렸으며, 1755년에 쓰시마 섬 이즈하라〔嚴原〕에서 영면했다.

그는 한국사의 금기가 되었다

일본에서는 성리학이 전래되어 사무라이가 교화돼가는 과정을 거치는 동안, 조선에서는 청나라의 간섭을 받아 북벌론과 척화론이 고조되었다. 이와 함께 왕위계승과 정권을 둘러싼 공작정치가 본격화하고 있었다.

임진왜란 이후 조선 내에서는 청나라의 간섭을 받은 정묘호란과 병자호란을 겪는다. 이 두 호란으로 조선에는 북벌론이 고조되었다. 흔히 북벌론자로 불리는 송시열은 당시 막강한 영향력을 가진 서인의 영수였다. 임금들의 정통성 문제를 놓고 공작정치가 횡행하는 정국이 계속되던 당시의 정치적 흐름은 오늘날의 한국정치에까지 영향력을 행사한다고 일컬어진다. 선비의 이념적 대립이 정치적 도구화되었던 시기라고도 할 수 있는 송시열이 살았던 시대를 들여다본다.

송시열의 탄생과 성장

송시열(1607~1689)은 임진왜란, 정유재란이 끝난 후의 나라가 혼란스러운 시기에 충청도 옥천군에서 태어났다. 8세가 되었을 때 송시열은 송준길의 집에서 함께 공부를 시작했다. 둘은 후에 양송으로 불리게 된다. 그는 12세가 되자 아버지로부터 공부를 배우기 시작했다. 그는 아버지에게서 많은 영향을 받았는데, 그가 아버지에게서 배운 역사관은 사림파의 역사관이었다.

18세 때 송시열은 김장생의 제자가 되어 성리학과 예학을 배웠고, 27세 때 '일음일양지위도一陰一陽之謂道'라는 논문을 써서 장원급제를 했다.

광해군 15년(1623), 서인이 이끄는 병력이 광해군과 북인 정권을 무너뜨리고자 반정을 일으켰다. 이를 인조반정이라 한다. 서인은 명나라에 대한 사대주의를 명분으로 반정을 일으켰다. 이후에 국가적 이익이 아닌 당파적 이해를 앞세워 반정을 일으킨 서인 정권에 대한 반발이 거세지자 남인 세력인 이원익李元翼을 영상 자리에

앉힌다.

이후 서인의 명에 대한 사대주의로 인해 정묘호란과 병자호란이 일어났다. 이때 송시열은 인조의 둘째아들인 봉림대군의 사부師傅였는데, 그 누구도 훗날 봉림대군이 인조의 뒤를 이어 임금(효종)이 되리라고는 예상하지 못했다. 병자호란 이후 조정의 대신들은 척화론을 강력히 주장하게 되었다. 이러한 상황에서 인조는 송시열과 송준길이 출사하기를 원하여 계속 조정에 불렀으나 그 둘은 거듭 거부했으므로 그들에게 제수되는 벼슬은 계속 올라갔다. 송시열이 제수된 벼슬을 거부하며 명분과 실리를 모두 챙기는 동안, 청의 수도 심양에서는 소현세자 부처가 볼모로 곤욕을 치르고 있었다.

송시열의 초상

인조의 두 아들

병자호란 이후 소현세자와 봉림대군, 인평대군은 청나라 심양으로 끌려갔다. 소현세자는 심양관에 머물면서 청과 조선 사이의 모든 일을 처리했으므로 그는 거의 주청 조선 대사와 같은 임무를 맡고 있었다. 인조는 심양관의 소현세자에게 청에 관한 일들을 모두

맡겨놓았다. 소현세자는 청과 조선 사이에 문제가 일어날 때마다 그것을 슬기롭게 처리하려고 노력했다.

　소현세자는 청나라에서 지내는 동안 성리학이 제공하는 명분보다 나라에 대한 현실인식이 더 중요하다고 생각하게 되었다. 이때 청이 명을 멸망시킨다. 소현세자는 명이 망하는 모습을 눈앞에서 목격한 것이다. 세자는 명이 멸망하는 것을 목격하면서 조선이 청나라 중심의 현실외교를 펼쳐야 한다는 신념을 갖는다.

　청이 북경을 빼앗은 후에는 세자를 인질로 잡고 있을 이유가 없어져 두 왕자는 조선에 귀국하게 된다. 이때 인조와 서인 정권은 청나라를 중요하게 여기는 소현세자를 의심했다. 인조는 청나라가 자신을 폐위시키고 소현세자를 왕위에 올리지 않을까 의구심을 갖기에 이른다.

　조선에 돌아오고 얼마 지나지 않아 갑자기 소현세자는 사망한다. 그러나 장례의 많은 문제점들은 인조가 소현세자를 살해했다는 것을 암시하고 있었다. 상복 착용기간이 정식으로는 3년복이지만 불과 7일로 줄여진 것만을 보아도 인조의 혐의는 분명했다. 최소한 1년복을 입어야 할 백관의 복제는 3개월로 정해졌다. 송준길은 이를 하나씩 비판하고 나섰으나 인조는 송준길을 체직遞職하라고 명했다.

효종의 등극

　그런데 문제는 소현세자의 후사 문제였다. 종법에 따르면 소현세자의 장남인 경선군慶善君 백柘이 세손이 되어야 했다. 그러나 인조는 김류를 내세워 원손을 폐하고 대군을 세워야 한다고 주장했다.

소현세자가 머물렀던 심양관의 현재 모습 현재 어린이 도서관으로 이용되고 있다.

이에 봉림대군이 세자로 책정되었다. 그 후 인조는 세자빈 강빈을 역적으로 몰아 그 일가를 고문하고 강빈을 처형했다. 인조는 여기서 멈추지 않고 강빈의 형제들, 궁녀들, 친정어머니, 소현세자의 세 아들 등을 모두 죽였다. 인조는 강빈을 죽인 지 3년 만에 세상을 떠났고, 봉림대군이 왕위에 올라 효종이 된다.

후에 일어난 효종과 그 비의 죽음을 둘러싼 예송논쟁은 단순히 상복 착용 기간을 둘러싼 이론 논쟁이 아니었다. 바로 정권의 정통성을 묻는 정치논쟁이었던 것이다. 소현세자의 뒤를 계승할 자는 봉림대군이 아니라 원손이었다. 소현세자 가족이 음모로 죽은 다음에 즉위한 임금이 효종이었기 때문에 그와 그의 부인의 죽음을 둘러싼 상복 문제는 논쟁거리가 되지 않을 수 없었다. 종법을 무시한 왕위계승이 왕위계승의 적법성 논란을 불러일으키는 근본 원인이 됐다.

효종대의 송시열

 인조가 세상을 떠난 다음 달인 효종 즉위년 6월, 효종의 옛 스승인 송시열은 드디어 출사 길에 오른다. 하지만 송시열은 20일도 되지 않아 벼슬을 그만두고 말았다. 이후 효종은 송시열을 계속 부르지만 송시열은 그때마다 거절한다. 이 때문에 송시열이 지나치게 거만하다는 비난이 일었다. 송시열은 효종의 거듭된 권고를 받고 조정에 다시 나와 효종을 만난다.
 지금 사람들은 송시열을 북벌론자로 이해하는 경향이 강하다. 그러나 그가 명나라에 대한 의리를 주장하여 북벌을 내세운 것은 사실이지만 실제로 북벌을 추진할 의사가 있었는지는 확실치 않다. 송시열의 북벌론에서 가장 큰 문제점은 바로 명나라를 따르자는 대일통大一統사상이다.
 송시열이 말한 군신의 의리는 인조의 삼전도 치욕만을 말하는 것이 아니다. 명나라는 천자의 나라요, 조선은 제후의 나라이므로 제후의 나라인 조선이 황제의 나라인 명나라의 원수를 갚아주어야 한다는 것이 송시열의 대일통사상이다. 그에 의하면 조선은 명나라를 황제의 나라로 섬기는 것이 삼강의 도리라는 것이다. 송시열은 조선이 치욕을 받은 사실보다 명나라의 은혜에 보답하지 못했다는 것을 더 깊이 아쉬워했다. 송시열에게 북벌은 청나라를 물리치고 명에 대한 은혜를 갚는 일이었다. 하지만 송시열은 명나라가 망한 후에도 청나라를 군사적으로 타도하겠다고 생각하지는 않았다. 다만 송시열은 '소중화 사상'을 주장한 것이다. 이 점에서 그는 효종을 중심으로 한 군사적 북벌론자들과 사상적으로 큰 차이를 보였다.

송시열은 군사적인 북벌에는 반대하고 있었다. 송시열은 조선이 힘을 길러 청나라를 정벌하는 것은 불가능하다고 여겼다. 따라서 그는 청과 국교를 단절하고 명을 황제의 나라로 섬기는 의리를 지켜야 하며, 조선에게는 청과 국교를 단절할 수 있을 만큼의 군사력만이 필요하다고 생각했다. 송시열의 북벌론은 명나라의 은혜를 잊지 않고 조선의 힘을 길러 청나라와의 국교를 단절하자는 소극적 북벌론이었던 것이다.

반면 효종에게 북벌은 군사력으로 청나라를 정벌하자는 실제적 북벌론이었다. 그래서 그는 군사력을 키웠다. 효종은 즉시 군비확장 계획에 들어가고, 원두표에게 국방정책을, 이완에게 그 실행을 명령했다. 그는 무인들을 적극 등용하기 위해 관무재를 활용했다. 그러나 문신들은 관무재 자체뿐 아니라 효종의 모든 군사증강 행위에 반대하고 나섰다. 효종의 군사력 증강은 문신 사대부들의 반대에 부딪히고 말았다.

조선은 그 정치구조상 임금이 아무리 강력한 왕권을 구축하려 해도 사대부가 따라 주지 않으면 성공할 수 없는 구조였다. 특히 송시열은 효종의 군비 확장을 앞장서서 비판했다. 그는 효종이 사대부를 우대하지 않는다는 사실을 신랄하게 비판했다. 사대부들의 지지를 상실하게 된 효종은 결국 그들에게 양보할 수밖에 없었다.

송시열의 출사 후 효종은 송시열을 따로 불렀다. 효종은 송시열에게 자신의 북벌에 대한 의견을 모두 알린다. 송시열은 신하로서 북벌 자체를 반대할 수 없었다. 효종은 북벌을 수행하라고 명령했다. 그런데 머지않아 효종이 급서하고(1659) 조선에서는 다시 문인정치가 부활했다.

효종의 승하-1차 예송논쟁

효종의 승하를 계기로 1차 예송禮訟논쟁이 일어났다. 효종이 승하했을 때 효종의 계모인 자의대비 조씨가 살아 있었던 것이 제1차 예송논쟁을 일으킨 요인이었다. 인조의 계비로 왕비가 되었으나 자손을 남기지 못한 자의대비 조씨의 상복 착용 기간이 문제가 된 것이다.

송시열과 송준길은 이때 비록 임금이라 해도 예법을 어길 수 없으니, 3년복이 아닌 기년복으로 해야 한다고 주장했다. 이는 왕가의 특수성을 인정하지 않겠다는 뜻이다.

그러나 허목으로 대표되는 남인의 윤휴는 《가씨주賈氏註》에 장자가 죽으면 적처 소생의 둘째 아들을 대신 세워 역시 장자라 부른다면서 대왕대비는 당연히 3년복을 입어야 한다고 주장해 송시열 등을 비판했다.

여기서 송시열은 부모가 3년복을 입지 못하는 네 가지 경우를 들어 1년복인 기년복을 다시 강력히 주장했다. 그 네 가지 이유 중에는 서자를 내세워 후사를 삼은 경우가 있다. 이는 효종을 말하는 것이므로 선왕이자 현왕의 아버지인 효종을 서자로 표현하는 것은 왕조국가에서 지극히 위험한 일일 수밖에 없었다. 실제로 남인은 송시열의 발언을 문제 삼아 그를 공격했다.

《현종실록》에는 "인조의 입장에서 말하자면 소현의 아들은 바로 정이불체이고, 대행대왕(효종)은 체이부정인 셈입니다"라고 송시열이 언급했다는 기록이 있다. 이 논리에는 체이부정인 효종과 정이불체인 소현세자의 아들 경선군 백(제주도에 귀양 가던 중에 사망) 중 누가 정통인가 하는 문제가 대두될 수 있는 소지가 있었다. 예송논쟁은 효종뿐 아니라 현종의 왕위 계승이 정당한 것인가, 하는 매우 민감한 문제를 내포하고 있었다.

예송논쟁은 단순하게 생각하면 전례문제에 지나지 않지만 내부적으로는 변칙적으로 왕위를 계승한 효종의 종통이 정당한가 하는 커다란 문제였던 것이다. 송시열도 그 심각성을 알고 한발 물러섰다. 그는 효종이 인조의 적장자가 아니라는 체이부정을 들어 기년복을 주장하고 싶었으나 그럴 경우에 효종의 종통을 부인했다는 공격을 남인에게서 받을 우려가 있었으므로 장자, 차자를 구분하지 않고 기년복으로 정한 《대명률大明律》과 《경국대전經國大典》을 근거로 삼기로 한다. 그의 논리는 서인의 당론으로 정해졌다.

윤휴와 송시열의 논쟁은 계속되다가 결국 기년복으로 일단락지어졌다. 그 후 허목과 윤선도에 의해 제1차 예송논쟁이 재론되었고, 서인의 승리로 귀결되었으나 그것으로 끝난 것이 아니었다. 남인은 여전히 기년복이 틀리다는 생각을 갖고 있었다. 이런 상황에서 현종은 예송 자체를 끝내는 것이 바람직하다고 생각했다. 현종이 강경한 태도를 취했으므로 예론은 거론할 수 없는 금법이 되었다.

효종비의 죽음 - 제2차 예송논쟁

1674년 현종의 어머니인 인선왕후 장씨가 세상을 떠난다. 하지만 이때 자의대비 조씨가 아직도 살아 있었기 때문에 제2차 예송논쟁(갑인예송)을 불러일으켰다. 이는 제1차 예송논쟁과 깊은 관계가 있는 문제였다.

주자의 《가례》에는 며느리가 죽었을 때 시부모가 입는 상복기간에 대해 '맏며느리가 사망하면 기년이요 둘째 며느리가 죽으면 대

공大功(9개월)'이라 되어 있고, 《국조오례의國朝五禮儀》에는 '맏며느리든 둘째 며느리든 모두 기년'이라 되어 있다.

처음 예조에서는 자의대비의 복제를 기년으로 정했다. 그러나 신하들은 자의대비는 효종의 국상 때도 기년복을 입었으니 이번에는 9개월 복을 입어야 한다고 상소를 올린다. 이에 현종이 대공복(9개월)으로 정하자, 대구 유생 도신징이

윤휴(1617~1680)의 초상

이를 반박하고 나섬으로써 예송논쟁이 재연되었다.

그는 서인의 이론적 모순을 지적하고, 자의대비의 복제를 기년복으로 정했다가 다시 대공복으로 고치는 것은 서인이 모후를 차자의 부인으로 여기고 있다는 명백한 증거이며, 나아가 15년 전에도 서인은 부왕 효종의 종통을 부인한 것인지 의심스럽다고 말했다.

이 상소로 현종은 15년 전과 지금 내세우고 있는 서인의 논리에 모순이 있다는 것을 알게 된다. 1차 예송논쟁에서는 서인이 《경국대전》을 내세우면서 기년복을 주장했지만, 2차 예송논쟁에서는 고례를 내세우면서 대공복을 주장하고 있다는 것이다. 2차 논쟁에서 《경국대전》의 예법대로 한다면 자의대비는 기년복을 입어야 한다.

현종이 이를 추궁하자 서인 대신들은 매우 곤혹스러워했다.

모순에 빠진 서인은 인조가 효종을 선택해 적통을 물려준 것은 천하의 법칙에 어긋나는 일이며, 효종이나 인선왕후는 장자, 장부의 복을 입을 수 없으므로 자의대비의 복제는 대공이 옳다고 주장하고 나선다.

이는 현종의 왕통에 대한 도전이었다. 현종은 이에 격분했다. 현종은 이때 기년복의 제도에 따라 행하라고 공포했다. 그리고 현종은 서인이 임금인 자신이 아니고 자기 당의 영수인 송시열을 더 따른다는 것을 알고 있었으므로 이들이 반격하기 전에 신속한 후속 조치를 취해 서인을 귀양 보내라고 명한다.

그러나 서인은 물러서지 않았다. 계속 상소를 올리고 현종은 이에 대해 서인과 끊임없이 싸워야 했다. 마침내 현종은 기용할 당을 갈아 치우기로 하고는 남인 허적을 영의정으로 삼아 버렸다. 이때 서인은 남인을 영상으로 삼은 이 조치에 놀랐고, 자신이 다칠 것을 우려하며 공포에 휩싸였다. 그런데 이때 서인을 내쫓고 남인을 등용하던 현종이 갑자기 급서하고 말았다. 제2차 예송논쟁 와중의 일이었다.

숙종의 등극

현종이 급서하자 14살의 어린 임금 숙종이 뒤를 이어 왕위에 오른다. 숙종은 송시열을 원상으로 임명했으나 송시열은 이를 거부한다. 이때 송시열을 비난하는 상소가 올라온다. 숙종은 어리지만 자기 주관이 뚜렷한 인물이었다. 송시열이 조부 효종과 현종을 어떻게 대했는지 모르고 그를 판중추부사로 임명한 것은 아니었다.

숙종은 예송의 처음부터 끝까지를 모두 파악하고 있었다.

　숙종은 남인의 허목을 대사헌에 발탁했다. 뿐만 아니라 예송논쟁에서 송시열의 논적이었던 윤휴를 사헌부 장령으로 삼았고, 송시열과 예론을 벌이다가 당해서 쫓겨난 인물들을 모두 발탁했다. 또한 숙종은 송시열을 거침없이 비판했다. 숙종이 송시열에게 강경하게 대하자 남인은 의기가 올랐다. 숙종은 송시열을 옹호하는 심유를 쫓아내고 결국 송시열까지 파직했다. 서인계 유생들이 상소를 올려 송시열을 옹호했으나 숙종은 상소를 올린 대표자를 귀양 보냈고 나머지 인사들에게는 과거 응시를 금지시키는 등 매우 강경하게 대응했다. 숙종은 결국 송시열까지 귀양을 보냈다. 이렇게 하여 정권을 잡은 남인은 송시열을 종묘고묘宗廟告廟(왕실의 신위를 모시는 종묘에 왕실과 관련된 사건을 보고하여 기정사실화하는 일)할 것을 주장했다.

　이때 강화 흉서 사건이 일어났고, 송시열의 제자가 상소를 올렸으나 숙종은 이를 보고 격분하여 송시열을 종묘에 고묘한다. 숙종은 송시열을 거제도로 옮겨 위리안치圍籬安置하라고 명했다.

바뀌는 집권세력

　그러나 예송논쟁의 여파로 정권을 잡은 남인은 서인에 대한 대응자세의 차이가 원인이 되어 둘로 분당되었다. 서인에 대한 온건파와 강경파로 나뉜 것이다. 숙종은 온건파의 손을 들어준다. 이처럼 남인 온건파는 국왕과의 연합정권을 만들었지만 채 일 년을 가지 못한다.

　숙종은 남인의 허적에게 권력이 집중되자 의구심을 느꼈다. 이

송시열이 유배당했던 거제도의 반곡서원

때 허적이 잔치에서 군사용 기름장막을 사용했다는 사실은 숙종을 분개하게 만들었다. 결국 허적이 사사되고 서인이 정권을 잡는다. 이때 윤휴도 죽임을 당하게 되었으므로 송시열의 당 노론은 송시열을 북벌론자로 추앙하기 시작한다. 남인 영수 허적과 윤휴가 죽고 남인이 몰락한 후에 정권의 주역은 바로 송시열이었다. 서인은 송시열이 효종의 종통과 적통을 부인하지 않았다는 상소를 올리고, 숙종 또한 남인을 몰아내고 서인에게 정권을 부여한 이상 송시열의 복권이 불가피하다고 생각했다. 숙종은 송시열을 석방한다.

이때 김익훈이란 인물의 처벌 문제를 둘러싸고 서인의 의견은 강경론과 온건론으로 갈라졌다. 그런데 김익훈을 처벌해야 한다는 젊은 사류들의 희망을 무시하고 송시열은 그를 옹호하고 나선다. 젊은 사류들은 송시열이 김익훈을 옹호하자 실망하여 끝내 서인은 노론과 소론으로 나뉜다.

서인이 노론과 소론으로 갈린 것이 숙종에게는 다행한 일이었다. 만약 서인이 송시열 1인 체제로 결집되어 있다면 왕권을 능가하는 세력이 될 것이 뻔했기 때문이다.

기사환국 – 남인 세력 집권

이후 숙종의 후사 문제가 거론되었다. 훗날 경종이 될 윤昀이 태어났는데, 그의 칭호를 결정하는 문제로 서인과 숙종은 논쟁을 벌였다. 이때 숙종은 원자 정호를 했으나 송시열은 이를 정면으로 반대하고 나선다. 인현왕후가 남자아이를 낳을 때까지 기다려야 한다고 진언했던 것이다. 그러자 숙종은 몹시 분노했다. 남인이 정권을 잡게 되는 기사환국이 이렇게 시작된다. 숙종은 주요 요직에 남인을 임명하기 시작한다. 송시열은 제주도에 위리안치되었다. 숙종은 인현왕후까지도 비난하기에 이르고 왕비를 폐출시킨다. 그리고 희빈 장씨가 왕비에 오른다. 송시열은 결국 사약을 받고 죽게 되는데 그의 나이 83세였다.

17세기 조선에서의 이와 같은 정국의 흐름은 일본의 17세기와는 전혀 다른 측면을 보여준다. 당시 일본에서는 천황 자체가 명목상의 군주에 불과했고, 막부가 조정을 감시하고 있었기 때문에 천황의 승계 문제는 일어나지 않았다고 해도 과언이 아니다. 그뿐 아니라 에도 막부의 장군 승계도 사실상 전혀 문제가 일어나지 않았다. 에도 막부는 각 지방 다이묘의 봉건적 지배 위에 성립된 정권이었다. 조선과는 달리 각 다이묘가 각자의 무력을 별도로 지니고 있었으므로 에도 막부가 장군 승계로 물의를 빚으면 정권 유지에 큰 문제가 생기는 것은 뻔한 일이었다. 그래서 장군 승계는 법으로 엄격하게 규정되어 있었고, 장군 승계를 감시하는 측근의 장치가 이중 삼중으로 만들어져 있었다.

선비가 본 일본, 사무라이가 본 조선

선비의 일본관

조선시대 선비가 가진 대외 인식의 기본 틀은 성리학적 세계관에 입각한 화이華夷관이었다. 중국을 화華로 보고 성리학의 이념을 구

3 선비가 본 일본, 사무라이가 본 조선

현한 조선을 소중화小中華로 보는 것을 기본으로 다른 나라를 이夷로 간주하는 세계관이다. 그러나 이런 화이관은 시대에 따라 조금씩 차이가 있었다.

우선 15세기 말쯤에 성립된 화이관을 보면, 선비는 조선을 정치적으로 명나라의 제후국이고 문화면에서는 명과 같은 범주인 '화華'로 간주했다. 한편 일본과 여진 등을 유교문화를 갖추지 않는 '이夷'로 간주했다.

그러나 이 시기의 조선의 화이관은 문화상대주의적인 경향을 띠고 있었다. 이 시기는 조선에서 성리학 이외에 도교나 불교 등의 가르침을 수용하는 풍토가 남아 있는 시기였다. 그러므로 '이夷'의 문화도 그들 나름대로의 문화라고 인정하는 경향이 있었다. 신숙주申叔舟가 쓴 《해동제국기海東諸國紀》는 조선통신사 일행으로 일본에 간 경험을 토대로 했는데 문화상대주의 입장에서 일본 문물을 잘 전해주고 있다.

16세기에 접어들어 조선 성리학이 이황과 이이에 의해 확립되어 성리학에 대한 이해가 심화되었다. 이와 더불어 조선의 대외관이 변화했다. 그것은 문화상대주의를 버리고 이적의 문화를 인정하지 않겠다는 것이었다.

명나라는 중화이고 조선은 소중화, 일본은 이적이라는 세계관을 확립시킨 것이다. 이황李滉과 그의 제자 김성일金誠一이 이러한 세계관의 대표자라고 할 수 있다. 김성일이 도요토미 히데요시가 조선을 침략한다는 것은 있을 수 없다고 생각한 것은 그가 일본을 보잘것없는 이적으로 경시하고 있었기 때문이다.

그런데 이러한 전통적인 일본 인식에 큰 변화를 일으킨 사건이 일어났다. 바로 임진왜란과 정유재란이다. 히데요시의 조선 침략이 조선인의 대일본 인식을 크게 변화시켰다. 그때까지 일본에 대해 막연하게 이적, 왜구라는 생각을 갖고 있던 조선인은 일본군의 잔인한 침략 행위로 일본이 잔인한 짐승이라는 것을 피부로 느끼게 되었다. 일본에 납치되어 약 3년 만에 돌아온 유학자 강항은 일본인을 '침략자', '학살자', '잔인한 짐승', '왜노' 등으로 표현했다.

임진왜란 때 군인이었고 실학파의 효시로 평가되는 이수광李睟光(1563~1628)은 그의 저서 《지봉유설芝峰類說》에서 일본인을 '왜노'라고 불렀고 '이류異類(짐승)'라고도 했다. 그러나 그는 일본의 기술과 무기의 우수성에 대해서는 인정했다. 이수광은 강항보다는 객관적인 시각으로 일본을 분석한 것이다.

그러나 대체로 임진왜란 후의 17세기 조선 선비의 일본인에 대한

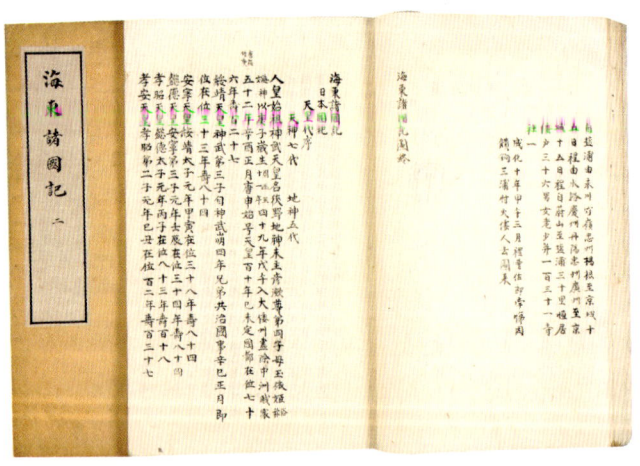

신숙주가 쓴 『해동제국기』 중의 일본국기

3 선비가 본 일본, 사무라이가 본 조선

인식은 강항의 인식과 비슷했다. 일본인은 '잔인'하고 '목숨을 가볍게 여겨 살인을 좋아하는〔輕生好殺〕' 사람들이라는 이미지가 일반화되었다. 침략을 직접 체험한 사람들의 일본관은 적개심에서 비롯되었다. 그들은 히데요시를 '불구대천의 원수', 만대에 걸쳐 복수를 하지 않으면 안 되는 '만세원萬世怨'이라고도 불렀다.

한편, 조선왕조는 17세기 전반에 임진왜란에 관한 자료를 보존, 정리하는 데 주력했다. 이후 17세기 후반에는 조선통신사를 통해 일본에 관한 정보가 많이 입수되어 연구가 진행되었다. 그런데 17세기 지식인들의 일본에 대한 주된 관심사는 정치와 군사적 동향이었고 일본사회나 문화에 대한 관심은 거의 없었다.

17세기에는 소중화주의에 입각해서 일본을 이적으로 보는 관점이 더욱 심화되었다. 일본 문화는 원래 야만적인 것이고 조선은 일본에게 정치, 도리, 문물을 전수했다는 문화전수의식이 체계화되었다. 그리고 임진왜란 이후 성리학이 조선에서 일본으로 전해져서 일본을 교화했다고 평가했다. 특히 홍여하洪汝河(1621~1678)나 허목許穆(1595~1682) 등이 이러한 일본이적관을 체계화했다.

18세기에 접어들어 조선 주류파의 일본 인식은 기본적으로 17세기의 소중화주의에 입각한 일본 인식을 유지했다. 그러나 통신사로 일본에 가본 적이 있는 관리는 일본 사회의 변화를 직접 목격했기 때문에 대일정책을 현실적인 입장에서 건의했다.

그런데 비주류파라 할 수 있는 실학자는 새로운 일본 인식을 많이 내놓았다. 18세기에 일본 연구를 주도한 실학자는 이익李瀷, 안정복安鼎福, 원중거元重擧, 정약용丁若鏞 등이다.

이익(1681~1763)은 변화하는 국제정세 속에서 현실적이고 미래

지향적인 입장에서 조일관계를 보아야 한다고 주장했다. 그는 일본은 조선과 대등한 교린국이라고 주장하고 일본이적관을 비판했다. 그는 일본을 화에 가까운 이夷로 본 것이다. 그리고 일본의 기술과 문화를 긍정적으로 평가하여, 부산의 왜관까지만 들어오게 한 일본 사절들을 한성까지 들어올 수 있게 개혁하자고 주장하기도 했다.

정약용(1762~1836)은 일본에 대한 이적관을 부정했다. 그는 소중화주의적 관념에서 탈피하는 것을 주장하여 일본의 사회, 문화에 대해 객관적으로 이해해야 한다고 주장했다. 그는 일본이 중국, 서양과 교류하며 기술 수준이 조선을 능가했다고 평가하기도 했다. 그리고 일본 학문이 매우 발달했고 일부는 조선을 능가했다고 주장했으며, 일본은 청에서 적극적으로 서적을 구입했고 과거제도가 없으므로 자유로운 학문 연구가 가능하다는 견해를 내놓았다.

이런 식으로 조선 선비의 대일본 인식은 상대주의적인 이적관에서 임진왜란을 겪은 후에는 일본인을 잔인한 이류異流로 보는 시각이 일반화되어 성리학에 입각한 이적관이 체계화되었다. 그리고 18세기 조선 주류파는 성리학적 이적관을 유지하면서도 일본의 정치와 군사에 관심을 가졌으며, 실학자를 중심으로 일본의 문화, 사회를 재평가하며 일본이적관을 부정하는 견해까지 나와서 대일본 인식이 다양해졌다.

임진왜란 이후의 조선 선비의 대일본 인식 변화를 볼 때 1945년 이후 현재까지의 한국 학자의 대일본 인식 변화와 비슷한 측면을 지적하지 않을 수 없다. 현재의 한국 비주류파는 일본을 한국보다 모든 분야에서 한 수 위인 존재로 인정하는 경향이 있다. 그러나 전반적으로 일본을 종합적으로 이해하는 측면이 부족하다. 현재도 한국 주류파는 일본의 정치와 군사에 관심이 많고 비주류파는 일본의 문화나 사회에 관심이 많은 걸 보면 조선시대처럼 각자 다른 일본관을 형성하고 있다는 것이다.

한국인이 미국 등 일본 이외의 나라를 이해할 때는 정치, 군사, 사회, 문화 등으로 구성된 국가의 전체를 종합적으로 이해하려고 한다. 그러나 일본에 대해서만은 유독 정상적인 이해가 잘 이뤄지지 않는다는 점이 예나 지금이나 똑같다. 일본에 의한 임진왜란과 일제 36년이라는 침략 사실 때문에 대립되는 일본관이 한국 안에서 형성됐다고 보아야 한다.

사무라이의 조선관

임진왜란 후 에도시대 말기까지(17세기~19세기 중반)의 사무라이의 조선관의 흐름을 살펴보겠다.

먼저 일본의 에도시대 전기(17세기 전반)는 조선 성리학파 학자에 대한 일본 학자의 존경과 믿음이 상당히 컸던 시기다. 귀족 출신의 후지와라 세이카, 무사가문 출신의 야마자키 안사이〔山崎闇齋 : 1618~1682〕 그리고 그들의 제자들은 조선 유학자에 대해 깊은 존경심을 갖고 있었다. 그들은 조선을 학문적, 문화적 선진국으로 보고 있었고 조선 학자에게 적극적으로 성리학을 배우고자 했다.

후지와라 세이카와 임진왜란 때 일본으로 연행된 강항과의 친분 관계는 유명하다. 세이카와 강항의 교류는 강항이 조선으로 귀국할 때까지 1년 반 정도의 기간이었으나 강항이 세이카의 사상 형성에 미친 영향은 결정적이었다.

특히 이 시기 일본 유학자는 강항이 전한 이황을 숭배했다. 강항뿐 아니라 임진왜란 때 일본에 연행된 조선 유학자와 그 자손은 일본의 각 번藩에 초청되어 대접을 받으며 생활했다. 이에 따라 17세기 초반 일본의 지식인은 이러한 조선 유학자와의 교류를 통해 조선을 선진적 예교국가로 인식하고 있었다.

그런데 17세기 후반부터 18세기 전반에 걸쳐 일본에서는 조선에 대한 모순적인 태도가 표출되기 시작했다. 조선에 대한 동경과 동시에 경멸적인 태도가 나타나기 시작한 것이다.

17세기 후반에도 일본 지식인 사이에서 조선을 선진국으로 존경하는 자세는 이어졌다. 그 반면에 일본이 중국이나 조선보다 우수한 나라, 일본이 동아시아의 중심이라는 주장이 대두하기 시작했다.

예를 들면 무사 가문 출신의 양명학자 구마자와 반산[熊澤蕃山 : 1619~1692]은 일본이 동아시아에서 중국 다음으로 우수하다고 주장했고 그 근거를 일본의 시조신 아마테라스 오미카미[天照大神]와 초대 진무神武천황이 베푼 은혜가 지대하다는 점에서 찾고 있다.

무사 가문 출신의 병학자이자 성리학자였던 야마가 소코[山鹿素行 : 1622~1685]도 중국·조선보다 일본이 우수한 나라라고 주장했다. 전술한 바와 같이 야마가 소코는 조선과 중국은 정권이 몇 번이나 바뀌었지만 일본 천황의 혈통은 한 번도 끊어진 적이 없으므로 일본은 중심이 흔들리지 않는 가장 안정적인 나라라고 주장하면서 일본이야말로 진정한 아시아의 중심인 '중국中國'이라고 주장했다. 이런 식으로 에도시대 중기에는 일본을 아시아의 중심으로 생각하는, 소위 '일본형 화이華夷관'이 형성되었다.

18세기 후반부터 에도 막부 말기까지는 조선을 멸시하는 풍조를

지나쳐 조선침략론까지 등장하기 시작했다. 18세기 후반에는 국학
國學사상이 형성되기 시작했다. 일본에서의 국학이란 유교나 불교
등 외래종교, 외래사상이 전래되기 이전의 일본의 고유사상이나
신앙을 연구하는 학문을 말한다. 국학을 대성한 모토오리 노리나
가[本居宣長 : 1730~1801]는 상인계급 출신이다. 그러나 그는 의사를
본업으로 하면서 《고사기古事記》, 《일본서기日本書紀》 등 일본의 고
전을 깊이 연구했다. 그리고 이 고전 역사서 속의 기재 내용을 모
두 역사적 사실로 인정했다. 그의 연구로 강조된 언설로는 다음과
같은 것이 있다.

> 3세기에 일본의 진구[神功]황후는 신의 계시를 받아 삼한을 토벌했고
> 그것으로 삼한이 일본의 조공국이 되었다.
> 진구황후의 삼한 침략은 신의 뜻이었다.
> 도요토미 히데요시의 조선 침략은 신의 뜻이다.

노리나가는 소위 진구황후의 삼한 토벌을 역사적 사실로 보고 한
반도를 역사적으로 일본의 속국이라고 보는 시각을 부각시켰다.
그의 논리에 따르면 조선 침략은 신의 뜻이기에 모토오리 노리나
가는 히데요시의 조선 침략도 신의 뜻으로 보았다.

모토오리 노리나가의 논리를 발전시킨 히라타 아쓰타네[平田篤
胤 : 1766~1843]는 일본은 신국神國이라는 이데올로기를 체계화시
켰다. 히라타 아쓰타네도 조선 침략을 정당화했다. 그는 무사계급
출신이었다.

그리고 이 히라타 아쓰타네의 사상을 흡수하여 신국 일본의 세계

제패라는 이야기를 나름대로 구체적으로 구축한 사람이 농학자이자 병학자였던 사토 노부히로〔佐藤信淵〕이다. 그는 무사 가문 출신이었다. 그는 일본이 세계에서 맨 먼저 생긴 나라로서 '세계만국의 근본'이라고 보고, 전 세계를 일본의 군현郡縣으로 만들어 만국의 군장들을 일본 천황의 신복臣僕으로 만들어야 한다고 주장했다.

그리고 세계제패의 방법으로서 '약하고 점령하기 쉬운 나라부터 시작하는 것이 좋은 방책'이라고 하여, 먼저 만주를 발판으로 삼아 몽고, 조선, 중국 그리고 남방제도를 공략하라고 역설했다. 그리고 조선은 오키〔隱岐〕섬과 울릉도, 쓰시마 섬에서 군사훈련을 실시하고 동쪽과 남쪽 두 방향에서 공략하면 '삼켜버리는 것이 어렵지 않다'고 주장했다.

막부 말의 병학자 요시다 쇼인〔吉田松陰〕도 조선 침략을 주창했다. 그는 "일본의 조공국인 조선이 그 의무를 어기고 조공하지 않고 있다. 그 죄를 책해도 말을 듣지 않으면 공격해야 한다"는 등의 조선침략론을 주장했다.

결론적으로 막부 말의 일본의 사상가나 지식인은 조선을 일본의 해외 웅비, 대륙침략의 발판으로 인식하고 있었다.

이런 일본인 학자의 조선에 대한 멸시관이나 침략론은 역사적 사실을 토대로 만들어진 것이 아니라 사실로서 근거 없는 《고사기》, 《일본서기》 등의 신화를 사실로 보고 구성되었다는 데 특징이 있다. 그러므로 17세기 이후의 일본의 대조선 인식은 조선에 대한 존경심에서 시작되었으나 이에 대한 반발로 멸시관이 생겼고 18세기 중반 이후에는 조선은 고대로부터 일본의 속국이었다는 왜곡된 관점을 갖게 되었던 것이다.

3 선비가 본 일본, 사무라이가 본 조선

도쿠가와와 미토학

강항에게서 전수받은 조선 성리학은 에도 막부의 정통사상을 이뤘는데, 이에 대항하는 학문적 흐름이 있었다. 그들 대표는 에도 막부의 친척인 미토번(水戶藩)의 학풍인 미토학이다. 이 학통은 결국 19세기 중반, 에도 막부를 타도하고 사무라이 정권에 종지부를 찍는 중심 사상으로 성장한다.

도쿠가와 이에야스가 에도 막부를 세웠을 때, 장군의 혈통이 끊어질 때를 대비해서 자신의 9남, 10남, 11남 등 세 아들을 각 지방의 다이묘로 봉하여 지방에 보냈다. 에도 막부의 장군이 아들을 낳지 못할 경우, 이들 세 다이묘의 자손 중에서 장군을 발탁하기 위해서였다. 이 세 다이묘 집안을 고산케(御三家 : 3대 가문)라고 불린다.

전기 미토학을 대성한 도쿠가와 미쓰쿠니(德川光國)는 고산케 중 현재의 이바라키현 미토(水戶)시에 소재한 미토번의 제2대 영주이고, 이에야스의 손자이다. 여기서 도쿠가와 미쓰쿠니를 거론하는 이유는 그가 일본의 역사를 성리학의 대의명분론에 입각해 편찬했기 때문이다.

도쿠가와 미쓰쿠니는 매우 특출한 사람이었다. 그래서 유년기에 이미 형을 제치고 세자 자리에 올랐다. 그러나 그것이 미쓰쿠니의 마음에 복잡한 영향을 주었고 소년시대엔 마을에서 칼을 휘두르는 등 한때 난폭한 행동을 일삼기도 했다. 그러나 18세 때, 사마천(司馬遷)의 《사기(史記)》〈백이전(伯夷傳)〉을 읽고 감명을 받아 학문에 몰두하기 시작했다. 그러나 그의 강하고 과감한 성격은 평생 바뀌지 않았다.

미쓰쿠니는 매우 호기심이 강한 인물이기도 했다. 미쓰쿠니가 일본 역사상 최초로 먹었다고 일컬어지는 것들이 많다. 예를 들면, 국수, 만두, 치즈, 우유, 우유술, 검은콩 낫토〔納豆 : 푹 삶은 메주콩을 볏짚꾸러미, 보자기 등에 싸서 더운 방에서 발효시킨 음식〕등 다양하다. 육식이 금지되던 당시, 미쓰쿠니는 특히 제5대 장군 도쿠가와 쓰나요시〔德川綱吉〕가 제정한 '동물 살생 금지령'을 무시하고 쇠고기, 돼지고기, 양고기 등을 먹었다고 한다.

그리고 현재 일본에서 가장 오래된 양말인 네덜란드제 양말은 미쓰쿠니가 신었던 것이다. 당시 일본은 쇄국정책을 실시했으나 중국과 네덜란드와는 특별히 교역을 하고 있었고 조선과는 유일하게 정식적인 국교가 있었다. 미쓰쿠니는 당시 양말을 신기도 하고 와인을 애음하는 등 서양 물건에 큰 관심을 갖고 있었다. 또한 조선 인삼이나 잉꼬를 수입하기도 했다.

그는 북해도 탐색을 위해 흑인 두 사람을 고용했고, 그들을 정식 가신으로 삼아 대대 세습을 허용하는 등 파격적인 면이 있었다. 그런 미쓰쿠니의 진취 정신은 참으로 대단한 것이었다.

그리고 또 하나 유명한 것은 그가 연어 껍질을 매우 좋아했다는 일화다. 미쓰쿠니는 주위 사람들에게 농담조로 이렇게 말했다고 한다.

한 마리 분량의 연어 껍질을 먹을 수 있다면 죽어도 여한이 없다.

그런데 미쓰쿠니는 호기심과 탐구심이 강한 인물답게 학문에도 깊은 관심을 나타냈다. 그의 학문적 업적 중 가장 뛰어난 것은 미토학의 기초를 만든 《대일본사》 편찬이었는데, 완성까지 약 250년이 걸렸다.

《대일본사》는 전설의 초대 천황 진무(神武)(B.C.660~B.C.585 재위)로부터 고코마츠(後小松)천황까지(1392~1412 재위) 천년을 넘는 긴 세월 동안의 천황들의 치세를 기전체로 기록한 역사서이다.

《대일본사》는 미쓰쿠니에 의해 집필이 시작되어 미쓰쿠니 사후에는 미토번 및 미토 도쿠가와 가문의 사업으로서 집필, 교정이 계속되었고, 1906년에야 최종적으로 완성되었다. 〈본기本紀〉(제왕전) 73권, 〈열전〉(列傳 : 황후, 세자, 황녀에 대해 쓰고, 그 다음에 군신群臣 등을 연대순으로 배열했다) 170권, 기타 154권, 전 397권으로 구성되어 있다. 수준 높은 한문체로 쓰여 있으며 문장에는 출전을 밝혀 정확히 고증했다.

미쓰쿠니가 《대일본사》 편찬을 결심한 배경에는 다음과 같은 사실이 있었다고 전해진다.

첫째, 젊은 시절에 중국의 역사서 《사기》를 애독한 영향으로 일본에서도 정통역사서가 필요하다고 느끼게 된 점.

둘째로, 명나라의 유민인 명의 관리 주순수朱舜水 등의 망명을 받아들였을 때, 그들을 통해 만주족인 청이 중국 대륙을 정복한 과정을 알게 되었고, 역성혁명이나 이민족에 의한 정복을 당하지 않고 천황에 의한 보편적인 통치가 계속되는 일본이야말로 중화사상에 근거한 진정한 정통국가라고 인식하여 정통사 편찬의 필요성을 느꼈다는 점.

셋째로, 막부 학문소의 대학두大學頭 하야시 라잔(林羅山) 부자가 집필하고 있던 막부 주도의 역사서 《본조통감本朝通鑑》 속에서 '초대 천황 진무는 오吳나라 태백泰伯의 후예이다'라는 기술을 발견하고 분개하여 일본 민족의 정체성을 밝히는 역사서를 편찬해야겠다고 결심한 점.

이런 면에서 미토번은 에도 막부의 친족이지만 에도 막부의 정통 사상인 성리학과는 대립되는 민족주의적 경향을 강하게 띤 《대일본사》를 집필했던 것이다. 그래서 에도 막부 말기에 미토학은 새로운 천황중심 제체를 구축하기 위한 이념적 지주가 된다.

1657년에 미쓰쿠니는 미토에 쇼코관彰考館이라는 역사 편찬소를 설립하여 스스로 감수를 맡았다. 《대일본사》는 전술한 바와 같이, 전체적으로는 성리학에 입각한 대의명분론에 입각하여 씌었다. 그러나 역대 천황에 대해서는 성리학적 존왕사상으로 관철하고 있어 에도 막부 말기의 존왕양이 사상에 큰 영향을 미치게 된다.

《대일본사》의 또 하나의 특징은 《고사기》, 《일본서기》에 있는 신대神代의 이야기, 즉 일본의 창조신이나 시조신에 관한 이야기를 역사에서 제외시키고 초대 천황부터 실재의 역사로 인정한 점이다. 물론 실제로는 초대 진무천황부터 10명 정도의 천황들은 실재하지 않는 가공의 존재이지만 당시의 상황을 생각할 때, 신대 부분을 제외시켰다는 점만으로도 대단히 획기적인 역사서였던 것이다.

미쓰쿠니는 《대일본사》 편찬을 위해 각 지방에 신하를 파견했다. 이것이 미쓰쿠니가 각지를 순회했다는 식의 픽션 사극의 소재가 되어 에도시대 말기부터 현재에 이르기까지 '미토 고몬〔水戶黃門〕'이라는 이름의 사극으로 영화, 연극, TV드라마 등으로 대단한 인기를 얻고 있다. '미토 고몬'이란 미쓰쿠니의 별명이다.

미토번은 대의명분, 존왕사상을 발전시켜 막부 말인 19세기 전반에는 번주 도쿠가와 나리아키〔德川齋昭〕를 중심으로 존왕양이론을 강력히 주장하게 되었다. 에도 막부의 마지막 장군이자 천황에게 정권을 돌려준(대정봉환大政奉還) 제15대 장군 도쿠가와 요시노부〔德川慶喜〕는 도쿠가와 나리아키의 아들이었으므로 그의 존왕사상의 영향을 강하게 받은 인물이었다. 그래서 그가 천황에게 정권을 돌려주는 일련의 정책 속에는 역사적으로 존왕사상을 키워온 미토학의 사상이 생생하게 들어 있었다.

한 마디로 미쓰쿠니의《대일본사》편찬을 중심으로 한 학풍을 전기 미토학이라고 한다. 그리고 막부 말기에 미토번 개혁과 막부 개혁을 주창한 미토번의 학자들의 학풍을 후기 미토학이라고 한다.

후기 미토학은 후지타 유코쿠〔藤田幽谷〕라는 학자로부터 그 계보가 시작된다. 후기 미토학의 대표적 저작《신론新論》을 쓴 아이자와 세이시사이〔會澤正志齋〕는 후지타 유코쿠〔藤田幽谷〕의 학문적 후계자이다.

1829년에 미토번주의 후계자 문제가 일어났을 때, 아이자와 세이시사이는 강력한 존왕양이론자 도쿠가와 나리아키〔德川齋昭〕를 옹립했고, 나리아키가 미토번주가 된 후에는 번정藩政개혁을 보좌했다. 세이시사이는 1849년에는 고도관〔弘道館〕 교수가 되어 미토번의 중진이 된다. 이후 거듭되는 번 내의 분규와 항쟁 속에서 활약했다. 그는 존왕양이 운동이 격화된 만년에는 개국론으로 입장을 바꾸기도 했다.

미쓰쿠니가 편찬한《대일본사》속에는 천황에 대한 존경심이 관철되어 있다. 그것이 유교적인 충효의 개념으로 일관되어 있다는 것은 전술한 바 있다. 이런 미쓰쿠니의 사상적 경향이 막부 말기에 후기 미토학에 계승되어 막부를 타도하는 사상으로 성장해갔다. 막부의 친족인 미토번의 사상이 막부를 타도하는 사상으로 성장했다는 모순은 어떻게 만들어진 것일까?

이 문제는 사무라이가 스스로 자신의 정권을 붕괴시킨 원인을 규명하는 데 매우 중요한 단서를 제공해준다.

사무라이와 막부 타도론

후기 미토학에서 존왕양이론을 가장 명확히 체계화한 책이 바로 아이자와 세이시사이의 《신론》이었다. 1825년 막부가 외국선 퇴치령을 발하기 전후의 시끄러운 정세를 배경으로 완성된 이 저작은 일본의 고쿠타이〔國體 : 천황을 중심으로 한 국가 모습〕의 존엄성부터 설명하기 시작하여 세계 정세와 구미열강의 동아시아 침략에 대한 방책을 제시했다.

그리고 서양열강의 침략에 대한 방위 체제를 급히 갖출 것을 촉구하면서 근본적 대책의 필요성을 역설했다. 이 저작은 매우 잘 체계화된 노작으로 에도 막부 말기의 일본사상계에 놀랄 만큼 광범위한 영향을 미쳤다. 《신론》은 에도 막부 말기의 존왕양이파 지사들의 성전이 되었을 정도였다.

사무라이가 자신의 정권을 무너뜨리고 근대화된 정부를 성립시킨 계기는 1853년에 도쿄 남쪽 우라가〔浦賀〕에 입항해 개항을 요구한 미국의 페리 제독이 거느린 검은 선단의 출현이었다. 그 다음해 에도 막부는 미국과 미일통상수호조약을 체결하고 쇄국정책을 접었다. 그러나 이때 에도 막부는 당시의 고메이〔考明〕천황의 양이 명령을 무시하고 천황의 윤허 없이 독단적으로 미국과의 조약 체결

3 선비가 본 일본, 사무라이가 본 조선

을 서둘렀다.

실권을 쥐고 있던 에도 막부였지만 그때까지는 형식적으로 천황의 윤허나 재가를 받고 있었다. 그렇다고 천황에게 정치적인 실권이 있는 것은 아니었다. 그런데 고메이천황은 예외적으로 강력히 자신의 주장을 막부가 수용하라고 요구한 것이다. 그러나 막부는 고메이천황이 독단으로 낸 양이칙령을 완전히 무시해버렸다.

이런 막부의 태도에 분개한 사무라이가 많았다. 미토학적 존왕사상을 가진 전국의 사무라이는 막부가 천황에게 충성을 다하는 일이 도리임에도 불구하고 천황의 명령을 무시했고, 그뿐 아니라 이적인 미국과 멋대로 불평등조약을 체결했으므로 막부가 책임자를 처벌하고 천황의 명령에 따르지 않는 한 이제 막부를 타도하겠다고 나선 것이다. 이런 논리는 유교의 역성혁명의 논리와 유사하다.

그리고 미토번의 사무라이는 에도 막부가 그릇된 방향으로 가고 있다고 믿고 그 책임자를 실력으로 제거하려는 계획을 세웠다. 그들은 1860년 에도성 사쿠라다문(櫻田門) 밖에서, 외국과의 조약 체결을 독단으로 결정하고, 반대하는 사람들을 잇달아 사형시킨 막부의 다이로(大老 : 조선의 영의정과 비슷한 위치) 이이 나오수케(井伊直弼)를 급습해 그를 암살했다. 이것이 일본 근대 테러의 시작이었다.

270년간 평화스러웠던 에도시대는 말기에 접어들어 사무라이가 칼을 뽑아 피를 보아야만 하는 시대로 다시 돌아온 것이다. 이후, 에도 막부가 굴복할 때까지 8년 동안 일본 곳곳에서 막부군과 반 막부군의 전쟁, 반 막부군과 외국 함대의 교전, 막부파 사무라이와 존왕양이파 사무라이의 피로 피를 씻는 싸움이 계속되었다.

1867년에 에도 막부를 굴복시킨 조슈번과 사쓰마번은 1600년에 도쿠가와 이에야스의 동군과 싸운 도요토미가 측의 세력들이다. 에도시대에는 막부에 협력하는 자세를 보인 이 두 번은 막부 말기에 다시 도쿠가와가를 타도하려는 2대 세력으로 나선다.

새로운 시대를 연 조슈번과 사쓰마번을 통해 결국 도요토미 히데요시의 조선 침략이 찬양의 대상으로 바뀌어갔다.

한편 미토학의 논리 중에도 해외 침략을 찬양하는 부분이 많이 나타났다. 아이자와 세이시사이의 《신론》을 통해 보면 다음과 같은 글이 나온다. 세이시사이는 먼저 민중의 힘을 키워야 한다고 주장했다.

> 대체로 백성을 어리석게 만들고 군사를 약하게 만드는 것은 치도治道에 있어 일종의 기책奇策이지만 이익이 있는 곳에는 또한 해악이 따라 발생하는 법이기 때문에 아무래도 그런 어리석음과 약함은 고쳐야 한다.
>
> 중심과 말단 모두 강하면 무기와 병사들이 많아질 것이고, 천하의 백성들이 용기를 갖고 병객을 세우게 되며 의협심이 국내외에 넘칠 것이 틀림없다.

《신론》에서, 도쿠가와 막부 하의 각 번을 약체화시킨 우민화 정책은 도쿠가와 이에야스로부터 시작되었고, 그 정책은 일본 전체를 약체화시켰다고 지적했다. 그리고 백성을 강하게 만들면 중심과 말단이 모두 강해져, 일본의 기세가 바다에 흘러넘칠 것이라고 결론짓고 있다.

이런 주장은 일본의 해외 웅비, 해외 진출을 의미하고 있다. 강해진 백성의 힘이 중앙정권으로 향하지 않게끔 해외에 그 힘을 돌려야 한다고 주장한 일본의 근대 해외침략사상이 세이시사이의 《신론》에 이미 실려 있는 내용이었던 것이다. 또한 세이시사이는 삼한을 침략한 진구〔神功〕황후의 일화 등을 역사적 사실로 거론하면서 칭찬하고 있다.

> 진구황후에 이르러서는 날개를 한반도까지 뻗히시고 부府를 임나任那에 두어 삼한을 통치하셨는데 치적治績의 성과는 볼 만한 것이 많았다.
>
> 여기서 비로소 정치는 바르게 설 것이고, 가르침은 명료해지고, 군사는 태고와 같이 반드시 명을 천신天神으로부터 받게 될 것이다. 하늘과 사람이 하나가 되어 만민은 마음을 같이하여 빛을 발휘하며 공적을 올리고 국위를 해외에 선양할 수 있을 것이다. 외이外夷를 물리치고 땅을 개척하며 천조의 심모深謀함과 천손天孫의 계술繼述을 모두 완수할 수 있게 될 것이다.

이런 관점은 명확히 《고사기》, 《일본서기》의 기술을 역사적 사실로 보는 황국사관의 관점이 깔려 있어서, 《신론》이 그 후의 일본의 침략행위를 정당화시키는 사상적 원천이 되었다.

세이시사이의 주장을 계승한 조슈번의 요시다 쇼인〔吉田松陰〕은 미토학의 사상을 계승하여 막부를 타도하는 방향성을 제시했다. 전술한 바와 같이 성리학적인 명분론에 입각하여 막부를 타도할

사쿠라다문 현재는 천황의 주거가 된 옛 에도성 문 가운데 하나. 1860년에 에도 막부의 다이로[大老] 이이 나오스케가 미토번의 무사에게 살해당한 장소이다.

명분을 고메이 천황의 칙령을 어긴 막부의 불경不敬 행위에서 찾았다. 그리고 막부를 타도함으로써 내외적 난국을 극복할 유일한 타개책으로 삼았다.

이렇게 존왕양이파와 막부 대립은 에도 막부가 에도성을 존왕양이파에게 무혈로 넘겨줌으로써 끝이 났다. 무혈혁명으로 새로운 시대가 열린 사상적 근거는 도쿠가와 미쓰쿠니가 편찬을 시작한 《대일본사》와 《신론》이 제시한 천황에 대한 충성과 막부의 불의를 단죄한다는 유교적 사고방식이었다.

조선 선비와 달리 조슈번과 사쓰마번은 막부군과 싸울 수 있는 군사력을 갖고 있었다. 이런 점도 유신이 성공한 요인 중 하나라고 할 수 있다.

김옥균과 민영익

개화기 젊은 조선 선비 가운데는 개화사상을 수용한 이가 많았다. 그 대표적 인물이 김옥균과 민영익이다. 둘은 함께 개화사상을 공부한 개화파의 동지였으나 마지막에는 대립하여 갑신정변에서 민영익은 김옥균이 이끄는 급진개화파에게 당해 중상까지 입었고, 김옥균은 갑신정변 실패로 일본에 망명하여 마지막은 상해에서 조선정부가 보낸 자객에게 암살당했다. 둘 다 마지막은 불행했지만 나라를 생각하는 열망은 똑같았다. 여기서 이 두 인물을 거론하는 이유는 한말의 격동기 속에서 젊은 조선 선비가 조선의 개화를 위해 도전한 궤적을 밟아보기 위해서다.

3. 선비가 본 일본, 사무라이가 본 조선

　세계사적인 격동기에 말려들어간 조선의 운명을 생각한 젊은 선비는 당시 개화사상을 갖지 않을 수 없었다. 그러나 그들은 서로 다른 나라를 개화 모델로 삼았다. 여기서 두 사람의 대립이 시작된다. 김옥균을 비롯한 급진개화파는 일본을, 민영익을 비롯한 온건개화파는 청나라를 개화의 모델로 삼았다.

　급진개화파는 조선이 청나라의 예속 상태에서 벗어날 것을 주장했고 온건개화파는 청나라의 영향력을 인정하여 청나라의 문명화를 본받자는 입장이었다. 양쪽 모두 동도서기東道西器론에 입각하여 개혁을 추진하려는 입장에는 변함이 없었으나 서기西器를 어디에서 배우느냐는 점에서 큰 차이가 있었다. 온건개화파는 청나라와의 사대관계를 유지하자는 생각이었는데, 이것은 당시 조선 조정과 같은 입장이었다.

　같은 개화사상을 가졌으면서도 김옥균과 민영익이 대립한 요인 중 하나가 임오군란의 발발이었다. 1882년에 일어난 군인들의 반란에 실각 중이던 흥선대원군이 가세하여 한때 조선 조정을 장악한 세력은 위정척사파였다.

　그러나 일시적으로 부활된 대원군의 집권을 무너뜨린 것은 명성황후였다. 명성황후가 조치원에 몸을 피하면서 청나라에 원군을 요청한 것이다. 이에 응한 청군은 대원군을 납치하여 군란을 일으킨 군인들을 모조리 제거해버리고 고종 친정을 다시 복원시켰다. 그래서 조선은 그 후 청나라 군대의 간섭을 받게 되었는데, 이 같은 상황을 수용하려는 입장이 온건개화파와 민영익의 입장이었다. 민영익 본인이 명성황후의 조카였기에 다른 선택의 여지가 없었을 것이다.

그러나 김옥균은 국부 대원군을 납치해간 청나라를 조선을 모욕하는 나라로 강력히 비난하면서 청나라를 타도해야 한다고 굳게 다짐했다. 임오군란이 일어나기 전에 일본에 머물고 있던 김옥균은 '조선의 개화에는 대원군의 힘이 필요하다. 본인이 죽음을 각오하고 대원군을 설득해보겠다'고 결심한다.

김옥균의 개화의 의지와 대원군의 힘이 합쳐지면 조선의 개화는 반드시 성공한다고 김옥균은 믿고 있었던 것이다. 그러나 대원군과 명성황후의 대립이 결국 개화파 간의 분열을 불러 일으켜 그것이 갑신정변까지 일어나는 요인이 되었다.

김옥균은 실학의 입장에서 일본의 개화사상, 특히 후쿠자와 유키치의 문명개화론을 조선의 개화에 도입하고자 했다.

김옥균은 6세 때 김병기金炳基의 양자가 되었고, 1872년 알성문과에 장원으로 급제했다. 그 후 그는 관료로서 출세의 길을 걷기 시작한다. 그러나 그는 격변하는 국제정세 속에서 실학자 박규수朴珪壽, 개화사상가 유대치劉大致, 역관 오경석吳慶錫 등의 영향으로 개화사상을 갖게 된다.

박규수는 조부 박지원朴趾源의 실학사상을 수용하여 그 연장선상에서 개국통상론開國通商論을 적극적으로 주장하여 초기 개화사상의 형성에 결정적인 영향을 미친 유학자이다.

박규수는 서양세력을 물리치기 위해서라도 서양기술을 습득해야 하며, 서양기술의 습득에는 그들의 정신세계를 제외한 실리를 취하는 방향으로 가야 한다고 역설했다. 그의 주장은 '동도서기론'이라고 불린다. 즉 동양의 이념으로 서양의 문물을 받아들인다는 뜻이다. 일본에서도 시대에 화혼양재和魂洋才라는 말이 생겼다. 이

3. 현비가 본 일본, 사무라이가 본 조선

말은 화和(일본)의 정신으로 서양의 재능을 수용한다는 뜻이다. 그는 일본의 화혼양재 방식으로 동도서기론을 표현한 것이다.

박규수는 1861년 제2차 아편전쟁 직후 영국과 프랑스의 연합군 점령하의 중국을 살피기 위해 사행使行으로 중국에 가서, 중국에 대한 서양 침략의 실체를 볼 수 있었다. 그리고 그는 조선에도 밀려드는 서양세력의 침략을 체험한다. 1866년 2월 평안도관찰사로 취임하면서 7월에 셔먼호 사건을 겪은 것이다. 그때 박규수는 지휘관의 입장에서 미국의 상선 제너럴셔먼호를 대동강에서 격퇴시켰다.

1872년 그는 다시 중국으로 건너가 청의 개혁운동인 양무운동洋務運動을 직접 확인하고 조선 개국과 개화의 필요성을 깊이 느끼고 귀국했다. 그는 당시 정권을 장악하고 있던 대원군에게 개국과 개화의 필요성을 여러 차례 건의했으나 대원군은 그것을 수용하지 않았다. 그때부터 그는 관직을 그만두

김옥균(1851~1894)

고 후학을 위한 교육에 주력하기 시작했다.

1875년경부터 그는 젊은 양반자제들을 대상으로 실학적 학풍을 전하면서 《연암집燕巖集》, 《해국도지海國圖志》 등을 강의했다. 제자 중에는 김옥균, 민영익 등이 포함되어 있었다. 박규수는 중국에서의 견문과 국제정세 등을 그들에게 상세히 가르쳤고, 후에 개화파 형성에 중대한 역할을 한다.

이런 박규수의 영향을 받아, 김옥균은 일본의 문명개화를 모델로 삼았고, 민영익은 중국의 양무운동을 모델로 삼게 되었다. 그리고 전술한 바와 같이, 김옥균과 급진개화파는 일본의 힘을 빌려 조선을 개화시켜서 청에서 완전 독립시키려고 했다.

한편 민영익은 1860년에 태어났고 민승호閔升鎬의 양자로 입양되어 명성황후의 친조카가 되었다. 1877년 정시문과에 급제하여 1880년 이조참판이 되었다. 민영익은 출세가 매우 빨랐다. 정계에 진출한 뒤 민영익은 김옥균 등 개화파 인사들과 어울리면서 개화사상에 눈을 뜬다. 그는 1882년 김옥균과 비공식사절로 동행하여 일본의 개화된 문물을 보고 돌아왔다.

1883년 5월 조선정부는 민영익을 전권대신으로 한 친선사절단을 미국에 보냈

박규수(1807~1877)의 초상

다. 1882년에 한미조약이 체결된 후 주한미국공사가 조선에 부임한 것을 계기로 이루어진 일이었다. 일행 속에는 서광범이나 유길준의 모습을 볼 수 있었다. 그들은 미국 대통령 C. A. 아서를 접견하고 고종의 국서를 전달했고, 미국의 여러 공공기관을 시찰했다. 그 뒤 유럽을 통해 귀국한 민영익은 이전에 친밀한 관계를 유지했던 김옥균 등 급진개화파와는 거리를 두게 된다.

당시의 조선의 세력구도를 나누어보면, 대원군을 중심으로 하는 위정척사파, 청나라와의 사대관계를 유지해가려는 수구파, 김옥균을 중심으로 한 급진개화파, 민영익을 비롯한 온건개화파로 나눌 수 있다.

김옥균 등이 일본과 밀접한 관계를 맺기 시작한 원인 중 하나는 수구파가 그들을 해치려고 한다는 인식 때문이었다. 급진개화파와 수구파의 대립은 김옥균이 후쿠자와 유키치를 만나기 전부터 이미 상당히 진행된 상태였다. 온건개화파는 그 성격상 수구파 정부와 행보를 같이하고 있었다.

수구파와 급진개화파가 대립한 계기는 일본의 문명개화 상황을 살피는 목적으로 김옥균과 박영효가 일본에 비밀리에 파견한 승려 이동인李東仁이 귀국한 다음에 수구파에 의해 살해된 사건이었다.

1881년 3월 김옥균의 동지이고 개화의 선각자였던 승려 이동인이 조선궁궐 안에서 행방불명되는 사건이 일어난다. 이동인은 김옥균과 박영효가 사재를 털어 1879년에 일본에 밀입국시킨 인물이었다. 그는 일본의 절에 머물면서 일본어를 배우고 도쿄에서 후쿠자와 유키치를 비롯해 당시 일본의 요인들을 차례로 만나 일본의 문명개화의 실상을 파악하게 되었다. 잠시 한반도에 귀국한 이동인은 1881

민영익

년 1월 국왕에게 일본에 밀항한 죄를 용서받고, 같은 해에 북경에서 한미조약교섭이 시작되었을 때 조선 측의 조약 초안 작성 책임자가 되기도 했다. 그리고 이동인의 건의에 따라 1881년 4월, 국왕은 신사유람단 62명을 일본에 파견했다. 그만큼 국왕의 신뢰를 얻은 이동인은 신사유람단의 참모관으로서 동행할 예정이었으나 출발 직전 궁궐에 들어간 채 행방불명이 되고 말았다.

이동인은 수구파에 의해 암살당한 것이 확실했다. 이동인의 암살은 김옥균을 비롯한 급진개화파들에게 커다란 충격을 주었다. 급진개화파는 이 사건으로 수구파에게 강한 의심을 품게 된다.

그뿐 아니라 당시 조선 전국에서 유생들의 척사 상소가 국왕에게 수없이 제출되었다. 개화파에 대한 유생과 위정척사파들의 공격은 몹시 치열했다. 민영익은 개화파에 대한 공격을 피하듯이 수구파 정부와 행보를 같이하고 있었다.

이러한 분위기 속에서 1882년 3월, 김옥균은 처음으로 방일하여 후쿠자와를 만났는데, 당시 부산의 일본 거류민 신문인 〈조선신보〉는 1882년 3월 15일자에 김옥균이 왕의 명령으로 국채 모집을 위해 일본에 갔다는 기사를 싣는다. 그 기사에 대해 김옥균이 크게 당황

3 선비가 본 일본, 사무라이가 본 조선

했다는 것은 1882년 4월 12일 자에 〈도쿄일일신문〔東京日日新聞〕〉의 다음과 같은 보도에서도 짐작할 수 있다.

이동인

이미 조선신보 등에는 두 사람(김옥균과 또 한 사람)의 일본행은 전적으로 국왕의 내명을 받아 국채 모집을 위한 것이라고 게재되었다. 두 사람은 이 신문을 보고 크게 놀라 당황한 모습으로 다음과 같이 말했다. "오늘 우리의 일본행은 결코 관용官用의 의미를 띤 것이 아님은 우리 조정의 실정을 보아도 분명한 것인데, 어떻게 해서 이런 와언이 전해졌는가. 그렇지 않아도 우리의 반대당은 이것저것 무설誣說을 지어내고 여러 가지 의심을 품어 우리에게 대항을 하려고 하는데, 이제 이 신문 내용이 그들의 눈에 띠어 우리의 일본행이 이러한 것이 사실이라고 생각하면, 우리가 귀국 후 어떠한 변사가 몸에 미칠지 알 수 없다. 원래 우리의 일본행은 반대당의 기염을 피하고, 일본의 최근 내정을 시찰하여 향후의 교류와 조선의 내치에 참고하려는 의도 외에 다른 뜻이 없다"고 말하면서, 심하게 이 신문의 유전謬傳을 걱정하고 있었다.(〈東京日日新聞〉, 1882. 4. 13.)

위에 자료에서 알 수 있듯이, 1차로 일본에 갔을 때의 김옥균과 급진개화파들의 입장은 반대당에게 언제 어떤 식으로 이동인처럼 말살당할지 모르는 입장이었다. 김옥균은 여기서 일본행의 목적은 반대당(수구파)의 기염을 피하는 것과 일본의 내정을 시찰하는 것이라고 말한다. 결국 곤경에 빠진 급진개화파가 일본으로 간 목적은 단순히 일본의 개화 모습을 견학하려 했던 것이 아님이 분명하다. 김옥균은 곤경에 처한 급진개화파의 정치적인 생명을 구제하기 위해 일본에 갔던 것이다.

결국 이때 목적을 달성할 수 없었던 김옥균은 그 후 서재필徐載弼 등 청년들을 일본에 유학시키고, 박영효, 서광범徐光範, 홍영식洪英植과 함께 국가의 개혁방안을 토론해나갔다. 그러다가 1884년 다시 일본에 건너간 김옥균은 일본정부 측에 군인 양성을 위한 300만 엔의 차관을 교섭했으나 다시 실패한다. 조선 내에서는 수구파에 의해 급진개화파가 추진해온 신문 사업 등을 빼앗기는 사건이 일어나기도 한다.

이에 수구파를 무력으로 타도해 새로운 정부를 출범하지 않으면 자신의 목숨 자체가 위태롭다고 생각한 급진개화파는 갑신정변을 결심하게 된다.

갑신정변의 모델은 일본의 유신이었다. 유신의 성공 요인은 막부가 천황의 칙령을 어겼으므로 막부를 타도해야 한다는 명분론과 막부를 타도할 만한 조슈번과 사쓰마번의 군사력이었다.

급진개화파로서는 정권교체의 명분을 세울 수 있지만 문제는 군사력이었다. 조선 선비가 아무리 옳은 의견을 주장해도 모조리 당하기만 했던 역사를 생각할 때 김옥균은 군사력을 갖지 않으면 정권교체를 이룰 수 없다고 판단했다.

그러므로 박영효를 중심으로 비밀리에 훈련시킨 100명 정도의 병사들에게 일본공사관에 있는 일본호위병 200명을 가세시키는 방안을 강구한 것이다.

갑신정변은 1884년 12월 4일 우체국의 개국 기념 행사를 이용해서 일어났다. 급진개화파들은 수구파의 핵심인 민씨 일족을 중심으로 6명을 살해하여 일단 정권을 장악했다. 이때 민영익도 중상을 입었다. 왕궁의 경비는 국왕의 요청에 따라 출동한 다케조에(竹添) 일본공사가 거느리는 200명가량의 일본 호위병이 맡았다.

당시는 청이 프랑스와 베트남을 둘러싼 전쟁 때문에 조선 내에 주둔하는 청군 병력이 베트남으로 대거 이동했을 무렵이었다. 개화파는 이를 절호의 기회로 삼고 정변을 일으켰다. 당시 재조선 청군은 병사가 1,500명 정도였다. 그러나 일본 측의 정보는 청군이 600명 정도밖에 남아 있지 않다는 것이었다. 이것은 정확한 정보가 아니었다. 그러나 김옥균은 일본 측 정보를 믿었던 모양이다.

당시 일본의 자유민권운동가들은 조선을 차지하려는 강한 욕망이 있었다. 그들은 정부와 대립하면서 동시에 조선에 발판을 만들려는 야심을 갖고 있었다. 그런 일본의 재야세력이 세운 갑신정변의 시나리오는 급진개화파 군사가 300명이면 600명의 청군을 충분히 격퇴시킬 수 있다는 것이었다. 그러나 실제로 청군은 1,500명이었고, 청군의 출동으로 갑신정변은 실패로 돌아가고 말았다.

개화파의 또 하나의 계산은 청군이 움직이지 않으면 정변이 성공한다는 데 있었다. 김옥균은 만약 청군이 움직이지 않는 채, 조선 정부 내부의 인사가 급진개화파의 계획대로 완료되고, 국왕의 칙령 형식으로 새로운 체제가 출범되어 안정을 되찾으면 정변은 성공할 것이라고 생각했다. 그것이 최상이고 청군과 싸우는 것은 차선책이었던 것이다.

국왕 고종이 청군에게 출병 요청을 하지 않는 한, 청군은 출동할 어떤 명분도 없다고 김옥균은 계산하고 있었다. 정변에 깊이 관여한 후쿠자와 유키치가 정변 직후 발표한 사설에 "(청군이) 공격한 것은 국왕폐하의 칙령을 받아 왕궁을 수비하기 위함이었다고 해도, 그 칙령을 내렸다는 국왕은 다케조에 공사와 함께 계속 왕국에 계셨으므로 결코 이러한 칙령을 발하실 수 없었다"라고 한 내용에서도 그들의 계획을 엿볼 수 있다.

급진개화파들은 국왕을 청군과 분리시켜 국왕과 청국의 접촉을 끊어야 한다고 생각하고 있었다. 그러나 김옥균이 방심한 틈을 타서 어떤 사자가 왕궁에 들어가 명성황후에게 대신들이 살해당한 사태의 진상을 고하자 명성황후는 청군 출동을 요청하도록 비밀리에 명령했다. 황후의 청군 출병 요청에 따라 김옥균을 중심으로 한, 개화파 정권은 삼일천하로 무너졌다.

그 후 김옥균은 망명지 일본을 전전하다가 1894년에 상해에 가서 변을 당해 파란만장한 생을 마감한다. 민영익은 갑신정변 후에 한때 정계에 복귀하여 친로親露 정책을 추진하다가 청나라에게 들통 나 상해로 피신한다. 1895년에 명성황후가 일본공사의 획책으로 시해당하자 그는 조선 내에서의 정치적 생명이 끝났다고 생각하고 외국에서 생활하면서 고종에게 시책 건의를 하다가 1914년 상해에서 세상을 떠난다.

조선 개화를 꿈꾼 김옥균과 민영익은 자신의 소신을 구현하려는 개화기의 젊은 선비였다. 그러나 김옥균은 정변을 일으킬 수 있는

3 선비가 본 일본, 사무라이가 본 조선

확실한 기반이 없는 상태에서 정변을 일으켰다 실패했고, 민영익은 명성황후의 친조카라는 입장에서 황후가 원하는 방향으로 움직일 수밖에 없다는 한계성을 갖고 있었다.

대원군, 고종, 명성황후, 김옥균, 민영익. 당시 이 다섯 인물이 조선 개화와 부국강병이라는 대의명분 아래 하나로 뭉칠 수 있었다면 조선은 험난한 길을 걷지 않았을지도 모른다.

갑신정변 주역들 좌로부터 박영효, 서광범, 서재필, 김옥균

이들 두 인물의 행위가 권력투쟁처럼 보이지만 사실은 그렇지 않았다. 그들이 나라를 위하는 마음은 똑같았다. 그러나 이들 조선 선비의 이념 구현 활동은 항상 모순을 내포하고 있었다. 그리하여 세계적 격동기인 당시 열강세력에게 틈을 보이는 결과를 초래했던 것이다.

맺음말 | 한일의 과거, 현재 그리고 미래

17세기부터 19세기 중반까지의 한일관계는 지금의 한일 양국이 배우고 본받아야 할 예의와 신뢰의 교린관계였다. 조선왕조와 에도막부는 시종일관 이웃나라에 대한 예의를 지키고자 노력했다.
그런 우호관계가 지속되던 중에 메이지시대라는 대립의 시대가 도래하여 제국주의의 냉혹한 국제 정세 속에 휘말릴 수밖에 없었다. 그리고 두 나라 사이의 모순이 점차 고개를 들기 시작한다.
이 책을 쓴 목적은 조선 선비와 일본의 사무라이를 비교하고 재조명하여 그것을 통해 한일관계의 과거와 현재 그리고 미래를 가늠해보고 싶어서였다.
현재 일본인의 근본에는 성리학의 이념이 녹아 있는데, 성리학이 일본인에게 가르친 것 중, 가장 큰 부분은 명분 쌓기라는 측면이다. 자신의 목표를 달성하기 위해, 특히 메이지시대 이후 세계 여론의 흐름을 타면서 일본은 자신의 행동을 정당화할 명분을 내세우는 나라가 되었다. 청일전쟁, 러일전쟁 등을 비롯하여 태평양전쟁까지 일본은 자신의 군사행동이 정당하다는 것을 늘 세계여론에 호소해왔다.
그것은 일본이 조선 성리학을 받아들이면서도 조선 성리학의 중심이 된 심성론을 깊이 받아들이지 않았기 때문이다. 일본과 일본인이 인간 심성의 중요성을 깨달아야 우리는 아시아와 세계평화에 대한 믿음을 비로소 가지게 될 것이다.
이 책을 집필하면서 조선 성리학과 조선 선비에 대해 알차게 공부

할 수 있었던 점이 나에게는 가장 큰 보람이었다. 많은 조언을 주신 이덕일 선생님과 출판을 권해주신 김영사 여러분께 이 자리를 빌려 감사의 뜻을 전한다.

호사카 유지

| 참고문헌 |

강항, 김찬순 역, 『간양록 : 조선선비 왜군 포로가 된다』(보리, 2006)
강항, 이을호 역, 『간양록』(서해문집, 2005)
강효석, 『조선왕조 오백년의 선비정신 상·중·하』(화산문하, 1997)
국제문화재단편, 『한국의 선비문화』(시사영어사, 1982)
권영한 역, 『손자병법』(전원문화사, 2000)
금장태, 『한국의 선비와 선비정신』(서울대출판부, 2000)
기미가키가이 겐이치, 『마메노모리 호슈』(중앙공론사, 1989)
김옥균 외, 『갑신정변회고록』(건국대출판부, 2006)
김유혁, 『이퇴계의 인간상』(청탑서림, 1992)
김한봉, 『선비정신』(신아출판사, 1998)
니토베 이나조, 수지 도쿠베 역, 『무사도』(고단샤 인터내셔널, 2006)
니토베 이나조, 씨알기획 편저, 『무사도』(청어람, 2005)
다나카 아키라, 『요시다 쇼인』(중앙공론신사, 2001)
다카다 세이지, 『일본의 교육정신과 이퇴계』(조선사정협회출판부, 1934)
다카수 호지로, 『후지타 도코 집』(미토학대계간행회, 1940)
다카하시 요시오, 『미토학』(호문사, 1916)
도몬 후유지, 『요시다 쇼인』(학양서방, 2003)
마츠오카 신페이, 『중세를 만든 사람들』(신서관, 2001)
성문당신광사 편, 『아라이 하쿠세키 집』(성문당신광사, 1936)
스즈키 게이치, 『센노리큐 전집』(학예서원, 1941)
안도 료, 『손자병법』(일본문예사, 1969)
야마오카 소하치, 『도쿠가와 이에야스』(고단샤, 1974)
오쿠노 다카히로, 『다케다 신겐』(요시카와 홍문관, 1976)
오타 헤이사부로 외, 『후지와라 세이카 집』(국민정신문화연구소, 1938)
이덕일, 『송시열과 그들의 나라』(김영사, 2000)
이덕일, 『조선선비 살해사건』(다산초당, 2006)

이와이시시 편찬위원회, 『다이라노 마사카도 자료집』(신인물왕래사, 2002)
이장희, 『조선시대 선비연구』(박영사, 1989)
이종호, 『김옥균』(일지사, 2002)
이케다 유키오, 『아라이 하쿠세키』(후타라서방, 1941)
임종원, 『후쿠자와 유키치의 문명사상연구』(계명, 2000)
정옥자, 『우리가 정말 알아야 할 우리선비』(현암사, 2002)
편무진 편저, 『교린수지』(광문각, 2000)
함경옥, 『선비문화』(한줄기, 1997)
기타

| 찾아보기 |

ㄱ

《가나 성리》 156
《가례》 174
가마쿠라 막부 56, 57, 69, 74, 75, 76, 91, 102, 130
《가씨주》 173
간다묘진 53, 54
간무천황 56
《간양록》 137, 142~145
강항 31, 34, 111, 119, 120, 136, 137, 140~145, 147~150, 154, 156, 182, 183, 185, 186, 189
《경국대전》 174, 175
겐무의 신정 75
겐지 49, 50, 55~58, 67~69, 74, 75, 87, 88, 103, 121, 130
고국천왕 46
고다이고천황 75, 76
《고사기》 89, 187, 188, 192, 197
고세왕 52
《고요군함》 126
고준황후 13
고쿠가 51, 52
고토바상황 75
고학 35
관동 50, 52
괴뢰만주국 42

《교린수지》 161
《교린제성》 161, 163, 166
교육칙어 34, 41
교토 30, 49, 51, 54, 74~76, 79, 86, 102, 103, 107, 108, 126, 127, 130, 132, 134, 140, 149, 151, 156
교토쇼시다이 79
국사 48~52, 57, 74
《국조오례의》 175
권근 20
《근사록》 140
기노시타 도키치로 64
기라 고즈케노스케 39
기발이승일도설 71
기일원론 70, 93
김효원 71
《꺾인 잡목의 기록》 127

ㄴ

《남곡선생》 14
노일전쟁 42
《논어》 112, 141
니토베 이나조 27, 41, 42

ㄷ

다이라노 구니카 51, 52
다이라노 기요모리 56, 67, 95
다이라노 마사카도 50, 51, 54
다이라노 사다모리 52
다이라노 아손 56
다이라노 요시마사 51
다이조 68, 95, 103, 134
다카노 니가사 56
다카모치왕 50
대동법 72
《대명률》 174
《대일본사》 191~193, 200
《대학》 141, 154
도요토미 히데요시 12, 31, 49, 57, 62, 64, 78, 91, 100, 121, 130, 133, 136, 137, 147, 149~151, 154, 157, 181, 187, 196
《도정집》 158
도쿠가와 이에야스 38, 54, 57, 100, 119, 121, 126, 147, 150, 151, 189, 196
도키무네 53
동량 48~50, 74
동인 71, 72, 114
《동호문답》 20

ㄹ

로버트 파월 27

ㅁ

《맹자》 141
메이지시대 34, 87
명자대도 64
모공편 82, 83
모토다 나가자네 34
무령왕 56
무로마치 막부 58, 76, 103, 107~109
무사도 26~29, 34, 38, 40~43
《무사도》 27, 41, 42
《무사도의 본질》 42, 43
문교정책 47
미나모토노 아손 56
미나모토노 요리토모 50, 56, 57, 67, 69, 74, 87, 88, 95, 121
미나모토노 요시이에 81
미일통상수호조약 194
미토 80, 189, 191, 192
미토학 23, 155, 189~197
민적강하 62

ㅂ

박지원 25, 202
반기문 24
《번한보》 159
병자호란 73, 167, 168
《본조통감》 191
북인 72, 73, 167

ㅅ

《사기》 191
사도 34
사쓰마번 80, 195, 196, 200, 208
서경덕 69~72, 93
서인 21, 71~73, 114, 167~169, 174~177, 179
성혼 31, 71~73, 111~114, 118~120
세이와천황 57
《세이카 문집》 156
손자병법 74, 80~84, 86, 87, 121, 129
《손자》 81, 82, 84
송시열 21, 73, 167, 168, 171~174, 176, 177, 179, 180
쇼와천황 13, 61
수총 54
수호 74
《숙종실록》 18
시모쓰케쿠니 51
시어도어 루즈벨트 27
신덴즈쿠리 66
《신론》 106, 193, 194, 196, 197, 200

신사임당 13
《신천성씨록》 89
신황 50, 52
심의겸 71

ㅇ

아라이 하쿠세키 31, 140, 157, 160
아메노모리 호슈 34, 140, 157, 160, 165, 166
아사이 나가노리 38, 39
아시카가 다카우지 57, 75, 102
아시카가 요시미쓰 58, 61, 102, 103, 106, 107
아즈치성 30, 77
아케치 미쓰히데 30, 31, 77, 78, 86, 133
아코 47사 39
아코번 38, 39
아키히토 13, 61
안향 47, 48
야마가 소코 34, 35, 186
양명학 73, 150, 186
어소 76
에도 막부 23, 31, 34, 38, 58, 59, 79, 95, 154, 156, 159, 180, 186, 189, 192~195, 200
연암집 204
영남학파 70, 118
오다 노부나가 30, 31, 57, 61, 62, 72, 76, 78, 82, 83, 86, 121, 126, 127, 130, 132, 133

오달제 16
오와리 76
오테마치 54
와카 66
요시노 75, 107, 193
우라가 79, 194
원호 51, 76
유진오 14
윤집 16
을파소 46
이기론 69, 70, 115
이기호발설 70, 71, 115, 118, 119
이노우에 테쓰지로 42, 43
이덕무 22
이동설 70
이성계 20, 48
이언적 70, 114
이이 11, 13, 20, 21, 70~73, 82, 112, 114, 118, 119, 150, 181, 195
이익 22, 167, 183, 196
이즈 39, 166
이황 13, 70~73, 111~115, 118~120, 140, 147, 150, 181, 186
인조반정 59, 72, 167
《일본서기》 89, 187, 188, 192, 197
임진왜란 31, 34, 38, 49, 62, 72, 78, 80, 91, 100, 112, 119, 120, 140, 142, 146, 147, 156, 162, 167, 182~186

ㅈ

전국시대 30, 54, 57, 61, 72, 74, 76, 82, 108, 111, 121, 123, 149, 154
정여립 72
제술관 34, 157, 158, 161, 165
조광조 11, 113
조선통신사 34, 39, 93, 102, 140, 147, 150, 157~161, 181, 183
《조선풍속고》 162
조슈번 80, 195~197, 200, 208
조식 11, 70~73
존 케네디 27
존왕양이 23, 80, 192~195, 200
주리설 70, 164
주신구라 38
《중용》 118, 141
《중조사실》 35
중종반정 59
《지봉유설》 182
《지쿠로쿠쇼》 156

ㅊ

청일전쟁 41, 42
충렬왕 11
《칠가창회집》 159

ㅍ

페리 79, 194

ㅎ

하시바 도요토미노 아손 히데요시 64
하시바 히데요시 64, 149
《해국도지》 204
《해동제국기》 181
《해유록》 161, 165
행군편 81
허목 11, 17, 18, 173, 174, 177, 183
《현종실록》 173
헤이세이 61
헤이시 49~52, 55~58, 67~69, 95
헤이안경 51, 53
헤이안시대 49, 65, 66, 81
헤이케 50, 56
《헤이케 모노가타리》 68
혼노사 30, 77, 133
홍익한 16
황통보 61, 62
후지와라 세이카 31, 140, 142, 145, 147, 149, 156, 157, 160, 185
《후지와라 세이카 집》 156
후지와라노 겐메이 52
후지와라노 다다히라 51
후쿠자와 유키치 16, 17, 41, 202, 205, 210
히로히토 13, 61
히요시마루 62